生命影響生命

蔡元雲 著

生命影響生命
作者／蔡元雲
編輯／尹麗明
美術設計／黃漢威
出版發行／突破出版社
　　　　　香港沙田亞公角山路33號突破青年村
　　　　　電話：2632 0000　傳真：2632 0388
　　　　　電郵：breakthrough@breakthrough.org.hk
　　　　　網址：http://www.breakthrough.org.hk
　　　　　　　　http://www.btproduct.com
承印／海洋印務
2001年7月初版1刷
2006年8月初版5刷
版權所有 © 2001 突破有限公司

Interaction of Lives
by Philemon Choi
First Printing, First Edition, July 2001
Fifth Printing, First Edition, August 2006
Copyright © 2001 by Breakthrough Ltd.
All Rights Reserved
ISBN 962-264-737-5

心靈關顧

關懷、連繫、復和、

溝通、對話……

凝視心之脈動，

直到重新尋獲自己的心。

目錄

序 ──「突破」之歌／滕近輝牧師　　8

自序 ── 生命影響生命／蔡元雲　　11

第一章　平安 Shalom

突破的誕生　　16

蒙召的經過　　20

平安由天賜　　22

尋根、植根、紥根　　26

購置「突破中心」　　28

平安是一顆清純的心　　30

　　清心見神 ── 感恩　　32

　　清心待人 ── 欣賞　　36

　　清心律己 ── 知足　　40

再創、改組、重整　　44

建立青年村　　46

平安是三股心靈的緩流　　48

使我作祢和平之子　　54

第二章

逆境中的盼望

難忘的兩年	60
經濟低潮	62
兩極的張力	64
與馬賽跑？	72
同工沈重的負荷	80
陶造・再造	82
堅定力	90
部門重整	92
活在盼望中	102
聽與從 —— 接收從神來的信息	110
《突破》雜誌休刊	118
全球性的使命	120
大時代的見證人	128

第三章 生命影響生命

生命工程	138
我的生命師傅 —— 蘇恩佩姊妹	144
摩西 —— 如何培植接棒人	146
約書亞 —— 尊師、重道、愛神	156
我的生命師傅 —— 滕近輝牧師	164
以利亞和以利沙 —— 從個人到羣體	166
末底改和以斯帖 —— 生命的傳遞	174
我的生命師傅 —— Dr. Gary Collins	182
拿俄米和路得 —— 眷愛與委身	184
主耶穌 —— 主耶穌的交棒部署	192
我的生命師傅 —— Dr. Hans Burki	200
主耶穌和彼得 —— There is a leader in you	202
保羅和提摩太 —— 福音裏的真父子	210
結語 —— 一代更勝一代	220

序 ——「突破」之歌

在香港的教會中,出現了一枝奇葩,唱起了一首生命的美歌,已經迴盪了四分一世紀:

一首獻身之歌

還記得二十世紀五十年代的末期,在北角一間小禮拜堂的長凳上,聆聽著兩位訪客的心聲(恩覺、恩佩),流露著理想的憧憬,像一股暖流淌入我的心間。兩位姊妹一個獻身異國宣教(日本),一個投入了「突破運動」的闢耕。啊,跟著那與癌症搏鬥中所流露的獻身氣慨,震動著一代基督徒的心靈……構成世紀見證之歌的一部分。

又跟著,十架之愛流入另一位青年的心靈中,形成一股激盪的強流,

竟然使他堅定地放下令人羨慕的醫生職業，再讀神學與輔導學，然後全心全意地投入「突破運動」。「蔡醫」感召了許多基督徒相繼踏上同一條事奉之路。他上路轉瞬已經二十八年。

一首「磐石蔭影之下」的心靈安息之歌

突破事工經歷了各種攔阻與壓力，例如在「突破青年村」的籌建期間，忽然面對香港金融風暴的衝激。這是人力的盡頭與末路，但是「突破」全體同工學習與經歷了恰如以賽亞先知所宣告的「磐石蔭影」之下的安息與重新得力，終唱凱歌。

一首駕馭潮流之歌

今日的時代潮流正在向青少年們肆虐，其衝勢之強令人擔憂，真是無孔不入。在這一種處境中，「突破」同工們本著對基督十架大愛與大能的堅強信念，配合時代性的方式，再接再厲、不屈不撓地應戰，結出了果實，令人感動與鼓舞。「突破」事工的各種轉型，正是針對潮流所需要的戰略表現。

一首獨唱與合唱之歌

「突破運動」的數十位同工在努力事奉之中，發出了忠心工作的歌聲。但這運動絕對不單是同工們的獨唱，更配合眾教會的合唱。兩者連在一起，方能面對時代的需要，作出美好的貢獻。這一種合唱曾在青年村的建築時期顯出功效：一億八千萬元的開支竟能獲致充足的供應。今後「突破運動」的推進仍需要眾教會的關心與支持。

一首屬靈經歷與交流之歌

本書作者將他在「突破運動」中的心路歷程，與讀者分享，可以稱為一首屬靈的《奧底賽》("Odyssey")之詩，藉著經文、個人的經歷、感受、名著引錄、札記等、表達出來，與讀者之間產生心靈的交流。其中有感恩，有眼淚，有洞見，有心得，令讀者得益。

滕近輝牧師
牧職神學院講座講師
二〇〇一年五月　香港

自序 —— 生命影響生命

　　二〇〇一年，二十一世紀第一個年頭，在我個人生命歷程中，同時揭開新的一頁。

　　剛被香港特別行政區行政長官委任為「青年事務委員會」主席，承擔思想、協調、策劃香港青年政策的責任，直接向特區行政長官交代。表面看來，是擴闊了服事青少年的領域；但心中卻是戰兢，自覺無力承擔。

　　平靜下來，退到神的面前，反思自己的身分與使命；心境平伏下來，無憂無懼。

　　過去幾年寫過的三本沒有公開發售的小冊子——《平安》、《逆境中的盼望》和《生命影響生命》，將我此刻的心情與信念大體上總

結下來。願意將這三本小書整理、結合，與關心突破機構（以下簡稱「突破」）、關懷香港青少年、關懷我的人，分享一下自己的心路歷程和一些基本信念與盼望。

平安

主耶穌的名字是「和平之君」，祂交託給我們的使命是以「和平使者」的身分，使人在爭競、割裂、焦慮、抑鬱、忿怒的處境和心境中，仍然經歷內心的平安，與人和睦，與神和好。

我將自己的身分定位為：被基督所差遣的和平使者。我所服事的是賜平安的三一真神，我是被差到青少年中間，以生命傳遞和平的信息。我寫的第一本小冊子是以「平安」為題，成了本書的第一章。

逆境中的盼望

九七過後，香港經歷意想不到的逆境：亞洲金融風暴引發的經濟危機，政府建制重整帶來的張力，就業前景不明朗造成的抑鬱，中美及海峽兩岸的緊張關係……

逆境中仍會有平安、盼望、喜樂嗎？真是不可思議！「突破」也經

歷前所未見的震盪。我與同工們一起查考、默想〈耶利米書〉與〈耶利米哀歌〉，昔日先知耶利米如何戰勝國破城毀的逆境，叫我們有信心與香港青少年一同跨進二十一世紀：共對逆境、共創明天！《逆境中的盼望》就這樣寫成了，並成為本書的第二章。內心有真平安就能無懼逆境的煎熬。

生命影響生命

這是我撰寫第三本小冊子的主題，也是我一生中最重要的信念和經歷。

三十多年前我還是一個缺乏自信、對前路迷惘的少年人，後來，是生命之主賜我平安與人生路向，並接二連三給我遇上在我生命留下美麗回憶的「生命師傅」，叫我的生命得以繼續成長。

今天，我在「突破」內部最大的使命是在同工和義工中培育接棒人；在香港、國內和海外，神又為我開闢道路，以和平使者的身分，實踐生命影響生命的使命。

《生命影響生命》成為本書的第三章，也成為本書的總題。但願這句話不是一個口號：讓我們從生命的源頭領受生命的活水；更勇於開

放自己的生命，讓其他豐盛的生命觸動自己的心靈深處；再踏出一步，在青少年的身上留下生命的痕迹。

「突破」以「生命工程」為服事青少年的焦點，最近有同工創作了兩句話：「你的生命觸動我，我的生命觸動他。」總結了「突破」的事工，也歸納了本書的核心信息。

這不是一本供速讀的書，盼望你能騰出空間，默想書中提供的經文，和寫下自己的心靈札記。我建議你找幾位能夠深交的「生命同行者」，彼此分享自己內裏的掙扎與盼望，在神的愛中彼此支持。我希望收到你的迴響，生命互相觸動。

同仰上主，互祝平安！

蔡元雲

二〇〇一年五月　香港

第一章

平安 Shalom

平安——是三一真神的名字,是我們二十八年來的經歷,是支持我們穩步進入公元二千的內在力量。

平安 Shalom

「突破」的誕生

是神渴望得見這城市青少年的生命經歷突破——*Breakthrough*！於是我們構思創辦《突破》雜誌。

「突破」的誕生，回應了七〇年代香港青少年低調的吶喊：

> 蜷曲於三合土森林的囚錮，
> 窒息於不同頻率噪音的重圍，
> 憊倦於扭擺嘶喊後的啜泣，
> 我們伸出雙手，
> 要抓住一些不知甚麼的甚麼⋯⋯
>
> 〈低調的吶喊〉
> 蘇恩佩

我們相信：生命的突破，在乎賜平安的神。

蒙召的經過

神往往干擾安逸中的人，安慰受困擾的人（disturb the comfortable, comfort the disturbed）。

一九七三年初，我還是個初出茅蘆的醫生，行醫兩年，熱愛自己的工作，病人得幫助叫我感到滿足。同時，我覺得是神呼召我從加拿大回港，在一間基督教醫院服事病者，所以我滿腔熱誠。

然而，叫自己不安的，是發現最常開的藥方竟然是鎮靜劑與安眠藥，不少年輕的病人也是被焦慮與抑鬱所困擾。我想：這是一個怎樣的城市，連青年人也背負著難以承擔的軛！

遇上蘇恩佩，她本是從新加坡回港就醫的，她患了癌症，卻因為聽見這個城市年輕人「低調的吶喊」，而觸動了那顆柔軟的心。

我們匯聚了一小撮同樣感到內心受到「干擾」的基督徒，定期為這城市的青少年禱告。在祈禱中好像更深感受到青少年被牢籠困著的苦

況，我們的內心竟是更大的不安。

我們聽見了：是神渴望得見這城市青少年的生命經歷突破──Breakthrough！於是我們構思創辦《突破》雜誌。

我貼近天父的胸膛問道：「是我嗎？」

我清楚聽見聖經的指引：「你或向左或向右，你必聽見後邊有聲音說：『這是正路，要行在其間。』」

我在安靜中回應：「我在這裏，請差遣我！」就毅然放下醫生的工作。

我經歷那出人意外的平安。想不到，當天投身《突破》雜誌的創刊工作，竟是二十八年長征的起點，到今天我仍然行在同一條路上！

平安由天賜

主耶穌說：

「我留下平安給你們；

我將我的平安賜給你們。

我所賜的，不像世人所賜的。

你們心裏不要憂愁，也不要膽怯。」

《聖經》〈約翰福音〉14：27

人費盡心思，控制環境，尋求外在的安定，卻沒法製造內心的安寧。因為內心的安寧，只能由天賜。

昔日先知所說的平安，絕對不單指著沒有戰爭而已，乃是平安（*Shalom*）——也就是和諧、康泰、圓滿、豐裕、昌盛、健壯、歡愉，並社會與個人都得滿足。

《和平的福音》
李思敬主編

先知所宣告的平安，涵括了內心的寧謐、人際的和睦、永恆的安息。這平安只有三一真神能夠賜予。

三一神的名字是平安：

聖父：耶和華沙龍（即立約的神、平安的主）；

聖子：和平的君（即掌政權與平安的君，以公平公義使國堅定穩固的君）；

聖靈：保惠師（即安慰者、同行者、訓導師）。

心靈札記

缺乏父親的肯定,叫我怯懦。但父啊,祢那沒有附帶條件的接納,給我真正的安全感。

滿有恩慈、憐憫的天父，祢最明白我是一個怎樣的人。有人以為我天生樂觀，卻不知我在香港經歷滔滔的風浪時，嚐過憂愁的滋味；有人覺得我積極自信，卻看不見我內裏的膽怯，在「突破」的事奉，我承擔的職責的確是超過了自己的能力。

缺乏父親的肯定，叫我怯懦。但父啊，祢那沒有附帶條件的接納，給我真正的安全感。

主耶穌啊，祢沒有欺騙我：祢的軛是容易的，祢的擔子是輕省的──二十五年來，多少次在疲憊中，祢叫我重新得力；多少次面對不同的關口，祢賜我同心的戰友，並肩共闖難關。

感謝主賜聖靈，住在我心中，與我同行。不止一次陷在幽暗中，是聖靈叫我重見光明；不止一回被外人中傷、被同工誤會，是保惠師用說不出的歎息帶來安慰；不止一趟遭那惡者攻擊，是賜平安的靈叫我安然度過。

三一真神、平安的主，我的心稱頌祢！

記於一九九八年

尋根、植根、紮根

我們從九龍灣遷到吳松街的「突破中心」;安靜地等候著回歸的時刻,靜觀賜平安的主在青少年身上的作為。

八〇年代，香港經歷九七的震盪。在移民潮、股市樓市下挫、人心惶惑中，神賜我們出人意外的平安；我們購置了「突破中心」，以行動傳達了「尋根中國、植根香港、紮根永恆」的信念。

購置「突破中心」

沒有意想得到：一九八二年，英國首相戴卓爾夫人與中國領導人鄧小平先生商談香港前途後，在人民大會堂的階梯上跌了一跤，竟然觸發了一「現代版出埃及記」——香港前所未見的移民潮。

從前，香港是一羣中國人眼中的天堂，他們逃難而來，經年累月，他們也真的將這個小小的漁港改建為小小的天堂。今天香港竟再度掀起了逃亡潮，實叫人唏噓！

香港人哪，你的根在哪裏？

我們聽見了：「尋根中國，植根香港，縈根永恆。」

「尋根、植根、縈根」並非抽象的概念，我們將意念化成行為，產生了爆炸力！

正值香港地產市道急跌，「突破」經常費呈現龐大赤字，然而，「突破」董事會經過多次會議，和連續不斷的禱告後，決定購置吳松街191

號十六層大廈作為「突破中心」——象徵我們對這城市年輕人的承擔。我們願意植根香港，與他們跨越九七，一同回歸中國，並尋求紮根永恆之路。

「突破中心」樓價港幣一仟八佰萬元，對我們來說，是個天文數字。神竟然讓我們如期支付了首期；我們記得一句話：耶和華為我們成就了大事！

懷著一顆既平安又雀躍的心，我們從九龍灣遷到吳松街的「突破中心」；我們安靜地等候著回歸的時刻，靜觀賜平安的主在青少年身上的作為。

平安是一顆清純的心

主耶穌說:「清心的人有福了!因為他們必得見神。」

《聖經》〈馬太福音〉5:8

平安的心源自一顆清純的心。

清心的人,是在大地改變、高山搖動、海水匉訇翻騰、政治動盪、經濟低迷、人心惶惑、關係破裂、逆境重重、出路迷濛的處境中,仍然看見神的作為、神的同在——他心中的平安沒有人能夠奪去。

賜給我們一顆清純的心
Give Us A Pure Heart

賜給我們

一顆清純的心,

好叫我們得見祢;

一顆謙卑的心,

好叫我們聽見祢;

一顆仁愛的心,

好叫我們服侍祢;

一顆信靠的心,

好叫我們活出祢。

祢——

我並不認識,

卻是屬於祢;

祢——

我並不明白,

卻是指引我

當行之路。

祢——

阿們

Day Hammarskjöld
韓瑪紹,曾任聯合國祕書長

清心見神：**感恩** Gratitude

　　你們要靠主常常喜樂。我再說，你們要喜樂。當叫眾人知道你們謙讓的心。主已經近了。應當一無掛慮，只要凡事藉著禱告、祈求，和感謝，將你們所要的告訴神。神所賜出人意外的平安必在基督耶穌裏保守你們的心懷意念。

《聖經》〈腓立比書〉4：4-7

平安的心是一顆充滿感恩的心。

我常有困惑,怎樣才能「凡事謝恩」?

九八年七月滕近輝牧師與「突破」同工分享他的生命歷程,他有一句話緊扣著我的心:「Everything is too good!甚麼都是太好了!」原來他在生命每個片段中,都看見神的同在,叫他希奇、驚訝:「一切都是恩典!」

清心獨思一事
Purity Of Heart Is To Will One Thing

天上的父,離了祢我們是誰呢!我們可能累積了淵博無邊的知識,倘若我們不認識祢,我們所知的是何等殘缺不全。我們可能竭力追求卓越,甚至征服世界,倘若我們不認識祢,我們所成就的仍是絕無可誇。

祢是獨一無二的,是那唯一的,也是全所有的。……

Søren Kierkegaard
祈克果

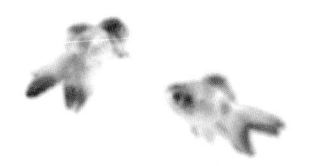

心靈札記

真奇怪,當我定睛在祢身上,每項叫我掛慮的事,都變成感恩的項目。

親愛的主耶穌，我沒有忘記祢對馬大的愛心勸告：「你為許多的事思慮煩擾，但是不可少的只有一件……」。「突破」的事奉真是帶來很多人事、經濟、事工統籌上的壓力，有時覺得連喘氣的空間都沒有。

真奇怪，當我定睛在祢身上，每項叫我掛慮的事，都變成感恩的項目：一切從零開始——《突破》雜誌不是穩步走過了二十五年嗎？「突破中心」不是祢所賜的嗎？「突破青年村」不是祢建造的嗎？「突破」不是每個月無間斷地支薪嗎？我的父親更從反對我加入「突破」，到如今親口說：「你的工作真有意義！」每一年復活節福音營，我都在年輕人身上看見祢復活的大能；每一個輔導個案，都叫我的心沈重，又叫我的心歡欣；每一次站在台上講道或分享，總是心驚膽顫，卻又每次都經歷祢的能力；每一次我為自己、為同工、為香港、為中國淌淚，都再度經歷祢的赦免、祢的醫治。

恩佩姊妹寫得好：只有祝福！

滕牧師講得好：Everything is too good！

祢的應許更好：是出人意外的平安！

記於一九九八年

清心待人：欣賞 Appreciation

> 弟兄們，我還有未盡的話：凡是真實的、可敬的、公義的、清潔的、可愛的、有美名的，若有甚麼德行，若有甚麼稱讚，這些事你們都要思念。你們在我身上所學習的，所領受的，所聽見的，所看見的，這些事你們都要去行，賜平安的神就必與你們同在。
>
> 《聖經》〈腓立比書〉4：8、9

平安的心是一顆曉得欣賞的心。

我常有困擾,怎樣才能「不計算人的惡」?

孔子說,「有教無類」、「三人行,必有我師」,是難以想像的境界。主耶穌說,「要愛你們的仇敵,為那逼迫你們的禱告」,是難以實踐的要求。

原來我們所接觸的每一個人都有相對的特質:光明與幽暗、善良與罪惡、仁愛與仇恨;對每一個人我都可以選擇親近或迴避,赦免或懷恨,欣賞或攻擊。

平安療法
Peace Therapy

說話要溫柔。倘若在你話語中聽見暴戾的聲音,你的心是那暴力的源頭。你可以選擇平安、寧靜的言語,代替那些定罪、咒詛、攻擊和埋怨的字句。……

重估你每句批判的言語。當你無情地批評他人的人格或行為時,他們未必得到幫助。你不妨選擇欣賞和接納的字句,讓你的言語傳達平安的信息。

"Peace Therapy"
Carol Ann Morrow

心靈札記

我不再含怒到日落。我內裏有更多空間裝載那些真實的、可敬的、公義的、清潔的、可愛的、有美名的、有德行的、值得稱讚的人和事。

親愛的主耶穌，祢曾重新闡釋「不可殺人」，我自問沒有蓄意殺人，卻曾多次不能自控地讓自己的怒氣和言語傷人。請赦免我！

當我舉目仰望十字架，我再次明白甚麼是赦免和接納，甚麼是滅掉冤仇。是祢先洗掉我的罪孽，使我自知沒有資格注目在他人的幽暗、罪惡和仇恨，我不再含怒到日落。我內裏有更多空間裝載那些真實的、可敬的、公義的、清潔的、可愛的、有美名的、有德行的、值得稱讚的人和事。

二十五年來，祢將眾多值得我衷心欣賞的人，如同雲彩般環繞著我：同行四分一世紀的董事、共事十載亦師亦友的恩佩、多位生死與共的戰友、眾多委身事主的同工、數不盡不問回報的義工和「福音伙伴」、好幾代燃點我生命的青少年、每天同心祈禱的太太、愛我敬我的兒子、永不言棄的父母、默默支持的弟妹、幾位天天代禱的婆婆、多位待我像兒子的長者和師傅、幾位推心置腹的心靈摯友……

無言表達內心的感激和欣賞，平安像江河般在心中湧流！

記於一九九八年

清心律己：知足 Contentment

　　我靠主大大地喜樂，因為你們思念我的心如今又發生；你們向來就思念我，只是沒得機會。我並不是因缺乏說這話，我無論在甚麼景況都可以知足，這是我已經學會了。我知道怎樣處卑賤，也知道怎樣處豐富；或飽足，或飢餓；或有餘，或缺乏，隨事隨在，我都得了祕訣。我靠著那加給我力量的，凡事都能做。

《聖經》〈腓立比書〉4：10-13

平安的心是一顆知足常樂的心。

我暗地揣測，「無論在甚麼景況，都可以知足」，這可能嗎？

每次我到監獄探訪囚友，我都再一次問：在這樣的環境中，還可以知足嗎？可以喜樂嗎？為甚麼保羅和西拉可以在監獄中唱樂歌？保羅更在牢中寫出充滿平安和喜樂的〈腓立比書〉？為甚麼曼德拉（Nelson Mandela）在牢獄中度過二十七年，出獄後比前更溫柔、更有力？為甚麼英年早逝的潘霍華（Dietrich Bonhöeffer），最震撼人心的幾本書都在獄中寫成？

在祢的溫柔看顧下
Beneath Thy Tender Care

我的主、我的神，多謝祢帶領我度過這一天；感謝祢使我的身體和心靈都得安息。

是祢的手親自蔭庇我、引導我、保護我，我的信心脆弱，我今天也曾得罪祢，請赦免我！

又幫助我赦免那些傷害我的人，求祢讓我在祢的保護中平安入睡，又保守我在黑暗中免受試探，我將我所愛的、與我住在同一屋簷下的，都交託在祢手中；我將自己的身體和心靈都交付給祢。

神啊，祢的聖名是應當被稱頌的。阿們。

Dictrich Bonhöeffer
潘霍華，德國神學家

心靈札記

當我願意放下這世界給予我的安全感、滿足感,才體驗到甚麼是真平安、真滿足。

親愛的主，我發現了保羅常常平安的祕訣，原來他是如此單純地信靠祢、緊貼祢，以致他能夠大大喜樂，常常知足，事事能作。

我還以為處卑賤難，原來處豐富更難！

昔日「突破」在德成街辦公，三人共用兩桌，還與另外兩位同工共處斗室；沒有埋怨，只有滿足。「突破」不斷擴張、搬遷：界限街、聖安德烈中心、牛頭角、突破中心、突破青年村……反而同工之間開始比較、埋怨。我們要再度歸回，從頭再學習：只有祢能滿足我們的心。父啊，我的心有時像奔騰的野馬，求聖靈助我加以約制，好結出平安的果子。

當我以為自己擁有很多——才幹、成就、讚譽……內心反而忐忑不安，惟恐失去，仍未知足。

當我承認一切本不屬於自己——「突破」二十五年的歷史都是祢透過眾多的肢體所寫的；心中頓然開朗，無憂無懼，內心知足。

稍一不慎，我的眼目便轉移到其他地方尋找愛，尋找滿足，尋找生命。原來當我甘願失去生命時，才得到生命；只有祢的愛能夠真正滿足我的心。

慈愛的主，原來知足是一無所有，卻又樣樣都有。當我願意放下這世界給予我的安全感、滿足感，才體驗到甚麼是真平安、真滿足。

平安的主，我稱頌祢！

記於一九九八年

再創、改組、重整

「突破人」都是愛做夢的人，是神將夢想賜給我們，並親自使夢境成真。

九〇年代，香港進入後過渡期，與此同時東歐巨變，蘇聯解體，歐洲重組。全世界都在混亂中尋找新秩序。「突破」徹底再創、改組、重整，建立「突破青年村」，象徵我們與香港青少年共闖二十一世紀的決心。我們仍然相信新一代是明天的領袖──There is a leader in you！

九八年，香港回歸一週年，卻經歷亞洲金融風暴的衝擊：股市滑落、樓市暴跌、失業率颷升、信心下挫……香港人再度集體抑鬱。

賜異象、保平安的神，沒有離開我們。我們繼續承擔服侍青少年的使命，與他們一起尋夢、燃夢──「聆聽心中夢、飛越千禧年」

Dare to listen, dare to fly！Developing leaders for the new millennium.

建立青年村

一九九二年,每個香港人都預期五年之後香港將會遭遇巨變;對「五十年不變」的承諾沒有信心,中英的爭拗只叫人心更惶惑。

巨變當前,奇怪的是不少人反而顯得被動、退縮起來,不敢求變。雖然大家都感覺到政府要變,教育制度要變,青少年服務要變,教會的運作也要變⋯⋯但面對 "deadline date"(《時代週刊》稱香港為 "city with a deadline date"),誰敢推動任何大變!

「突破」卻深明一定要再突破,新的世紀需要新的思維、新的策略,才能培育新一代的領袖。

一位在政府任職的弟兄為我們找到一塊適合的土地,建設一個新的青少年培訓基地。我們第一次踏足亞公角山上這塊土地,便向神禱告:將這山賜給我們 —— 賜給香港青少年!

「突破人」都是愛做夢的人,是神將夢想賜給我們,並親自使夢境

成真。

　　政府於一年內迅速批地撥地，承建商竟然願意以低成本價承包建築工程，付款方法亦特別通融；銀行願意在資金上支援，奉獻和贊助從四方八面而來，叫一億八仟萬的建築和裝置工程如期完成 —— 是神施恩的手完成大工。

　　在建立「突破青年村」的過程中，困難重重：工程進度受阻滯、技術上有困難、資金流轉拮据、人事問題、伙伴爭拗、事工籌劃艱難……但這一切都不能使我們與賜平安的主隔離。

　　「青年村」就像一座造在山上的城，見證神奇妙的作為；最珍貴的，是與神同工的過程中所經歷的心靈暖流 —— 是神給我們不變的愛、不移的接納、不動搖的平安！

平安是三股心靈的緩流

平安之旅是三股心靈的緩流，正如盧雲所闡釋的靈修生活三個動向：

從孤寂到獨處
From Loneliness to solitude

從敵意到善意
From hostility to hospitality

從幻想到祈禱
From illusion to prayer

平安是一個心靈的旅程，在地上的日子不會到達終站；有一天，我們息了地上的勞苦，在天父的懷中安息，才得享永恆平安。

　我是個既內向又不甘孤寂的人，覺得孤單時會失去平安。我並不善於與人交談，在繁忙中又珍惜自己的空間；我常責備自己未能更多開放自己的生命，容納更多人進入自己的心靈深處。我是個急躁的人，等候神、聆聽祂的聲音，對我是一門艱深的功課。

我十分認同盧雲（Henri Nouwen）的分享，原來這位屬靈導師也有波浪翻騰般的掙扎：

靈修生活是向最深入的自我伸展，向我們的兄弟姊妹和我們的天父伸展。在一個狂熱，也常常狂亂的生活中，我們必須滿懷勇氣和真誠，面對暴露我們內心的不安，我們對他人混雜的感情，和對父神的臨在根深柢固的懷疑。

"Reaching Out"
Henri Nouwen

二十八年來，「突破」的同工們每個星期二早晨齊集一起敬拜、禱告；我們邀請一些屬靈長者教導我們靈修生活；又定期進行小組靈修、集體退修、個人靜修。我們相信「靠耶和華而得的喜樂是我們的力量」，並經歷得力在乎平靜安穩。而且我們知道：在周遭動盪中前行，不能缺少的是一顆清純的心：讓我們能夠清心見神，清心待人，清心律己。

他在那裏進了一個洞，就住在洞中。耶和華的話臨到他說：「以利亞啊，你在這裏做甚麼？」他說：「我為耶和華萬軍之神大發熱心；因為以色列人背棄了你的約，毀壞了你的壇，用刀殺了你的先知，只剩下我一個人，他們還要尋索我的命。」耶和華說：「你出來站在山上，在我面前。」那時耶和華從那裏經過，在他面前有烈風大作，崩山碎石，耶和華卻不在風中；風後地震，耶和華卻不在其中；地震後有火，耶和華也不在火中；火後有微小的聲音。

《聖經》〈列王紀上〉*19：9-12*

心靈札記

感謝祢對我的長久忍耐，讓我緩慢地學習在獨處中得見祢的面。

體恤我們的軟弱、厚賜平安的主，祢的作為在祢的僕人身上何等奇妙。當以利亞陷於孤寂抑鬱中在山洞內求死，祢卻是在他獨處、無聲中與他相遇。當以利亞被耶洗別追殺，心中滿懷怨憤時，祢卻是擴闊他的心靈空間，並賜以利沙為他的接班人。當以利亞嗟歎「以色列背棄了祢的約，只剩下我一人」時，祢卻是柔聲回應：「我在以色列人中為自己留下七千人，是未曾向巴力屈膝的。」

　　親愛的天父，數不盡二十五年的恩典，感謝祢對我的長久忍耐，讓我緩慢地學習在獨處中得見祢的面，在善意中開放自己服侍他人，在祈禱中聽見祢微小的聲音。

　　我的心啊，休息吧！靜享從上頭而來的平安，讓和平的心迸發出事主事人的力量！

記於一九九八年

使我作祢和平之子

主耶穌說:「使人和睦的人（*Peace Makers*）有福了！
因為他們必稱為神的兒子。」
《聖經》〈馬太福音〉5:9

使我作祢和平之子，
在憎恨之處播下祢的愛；
在傷痕之處播下祢寬恕；
在懷疑之處播下信心；
在絕望之處播下盼望；
在幽暗之處播下光明；
在憂愁之處播下歡愉。
啊，主啊！使我少為自己求；
少求受安慰，但求安慰人；
少求被了解，但求了解人；
少求愛，但求全心付出愛；
在赦免時我們便蒙赦免；
在捨去時我們便有所得；
迎接死亡時我們便進入永生。

Francis of Assisi
聖法蘭西斯

平安不是一種個人的享受。三一神賜予我們人所不能賜的平安，好叫我們進入這個充滿孤寂、敵意和幻想的世界，成為和平之子。

心靈札記

我們聽候祢的差遣：植根香港，胸懷中國，放眼世界；求使我們成為祢和平之子。

創天造地、掌管歷史的主，我們站在一個新千禧年的邊緣，前瞻時既興奮又擔憂：這是科技飛躍卻人際疏離的年代，是資訊爆炸卻價值崩潰的時代，是東西冷戰結束卻種族仇恨加深的年代，是環球經濟起飛卻普世苦難充斥的時刻，又是心靈貧窮卻福音遍傳的時機。

「突破」沒有違背從第一天所領受的異象，向香港青少年傳揚和平的、全人的福音；我們已經植根在中國的土地上，十二億骨肉之親是我們所愛的。香港是個繁榮富裕的大都市，卻是處於最貧窮、最困苦的「10/40之窗」的中央，我們聽見了四方八面傳來貧窮人的呼聲。

賜平安的天父，掌管列國和平的君王，叫人結出和平果子的聖靈，我們歸回安息；我們聽候祢的差遣：植根香港，胸懷中國，放眼世界；求使我們成為祢和平之子。願我們眼前這羣二十一世紀的領袖，都在基督裏經歷祢所賜個人、人際，與人神之間永恆的平安！

記於一九九八年

第二章

逆境中的**盼望**

患難見真情，逆境見主恩——是同工、義工、支持者的同心協力，是三一神出人意外的恩典，叫我們在波濤洶湧中平安度過這難忘的兩年。

逆境中的盼望

難忘的兩年

神可能是深不可測，但祂的愛是不離不棄的，祂的供應是叫我們不至缺乏的。

香港於九七年回歸中國，至九九年轉眼便是兩年。

意想不到，最嚴峻的考驗並非政治震盪，而是亞洲金融風暴的衝擊，和香港管治上的改革與適應。「突破」度過了充滿逆境的兩年，經濟陷入前所未有的低潮：為了節流而控制人力資源的開支，人手出現從未見過的負增長，以致在「突破青年村」的開創期，同工們的負荷格外沈重；再加上經濟結構轉型，傳媒事工重訂策略，多個部門進行重整，艱辛的程度超越了「青年村」的建造期。

當香港陷入逆境時，Paul Stoltz 的 "AQ：Adversity Quotient" 曾一度引起注意：「突破」在服侍青少年時，亦著意培育他們的「堅定力」（resilience，或譯作抗逆力、堅韌力、反彈力）。

正好在這段期間，我和同工們一同查考〈耶利米書〉和〈耶利米哀歌〉。我們按章研讀、默想、反思，並得到尤金•彼得生博士所著的《與馬同跑》的啟迪，對我個人有意想不到的感染力。這位二千六百多年前與主共步逆境的耶利米先知，像是活現眼前，他的信心、盼望和堅定力成為我的激勵。

經濟低潮

九七過渡之後,最叫港人憂慮的,並非政制的變動。世界各地的政治評論都承認香港在政治、經濟、言論上都仍然維持高度的自由,反而是亞洲的金融風暴,將港人的心情捲入低谷。

本來擁有市值數百萬元物業的中產人士,忽然變成負資產的「苦主」。股市往下調,失業率急升,薪酬滑落——香港人集體抑鬱!

「突破青年村」建築與裝置獻金停頓,經常費奉獻放緩,其他基金和私人企業贊助接近癱瘓,「突破」赤字連連上升。

與銀行協商按揭貸款,他們正確地指出:「突破」的收入近一年是「不能預測的」。

很多關心「突破」的人曾經問我:晚上會失眠嗎?

奇怪,我真的是安然睡覺。雖然我不知資金從何而來,但我深知道「突破」的主是可信可靠的——神可能是深不可測,但祂的愛是不離

不棄的，祂的供應是叫我們不至缺乏的。

二〇〇一年的今天，神不是帶我們走出了經濟低谷嗎？

逆境中的盼望

兩極的張力
the tension of polarity

> 耶利米時常置身於神的處境中，不厭其煩地關注人民的心情，勇敢地向他們提出呼召、挑戰，以及警告，嘗試解開神和以色列之間關係上的困結。⋯⋯沒有先知像他這樣目睹「神忿怒之棒下的苦難」，但他深深感受神那份情繫的實在，遠超過神的忿怒。
> 《先知》
> *Abraham J. Heschel*

有人稱耶利米為「忿怒的先知」，因他正活在以色列民經歷神忿怒的年代；然而，他不單接觸到神的忿怒，也深深體會神的子民如何牽動祂的心，所以他也是慈愛的先知。愛與怒同時充斥著耶利米的每一篇信息。

耶利米被召時是公元前625年，先後在約西亞、約雅敬、約雅斤、西底家作猶大王的年代作先知，直到耶路撒冷被陷之後一段短時期仍然宣講神的話。那些年間，猶大不斷被列強侵犯，從亞述到埃及，直至亡在巴比倫之下。國難連綿不絕，百姓對神的話充耳不聞，耶利米心腸撕裂，被稱為「哭泣的先知」；但他仍然說：「你的言語是我心中的歡喜快樂。」〈耶利米書〉與〈耶利米哀歌〉是兩卷描繪神愛與怒的哀書，在充滿哀慟的背後，仍然有盼望和更新的信息。

猶太裔神學家 Abraham Heschel 深入探討先知的情懷：對罪惡反應敏銳，閃耀中帶爆炸力；高舉神的至善，音調常高八度；對有權勢的無懼，對無權勢的憐憫；既粗豪又有權威；既孤單又抑鬱；是守望者、僕人、神的代言人，又是神的見證人。由

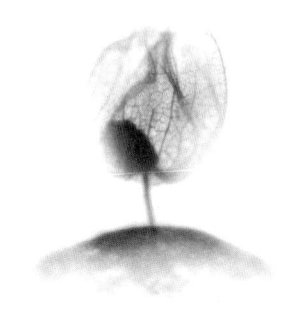

於耶利米最能夠將自己的肺腑剖白出來，所以在眾先知中，我們最能明白他的感受和情操，並最能深入體會他的內心世界。

原來先知不單是透過神的眼光洞察他所處的世界，不單是用心聆聽神的話，並且不折不扣地宣講出來，先知更是親身感覺到神的感受，因此說出來的話充滿震撼力：如風、似火（〈耶利米書〉5：13-14）。

先知是個既貼近神，又深入民間的人。神的性情、話語、感情當然主宰著先知的生命；同時，人間的悖逆、罪惡、苦難都牽動著先知的心。先知不是一個自鳴清高的避世者，他是一個既與神的愛與怒共鳴的神僕，又與人間苦難認同的真人。

細讀〈耶利米書〉，便感受到他心中的掙扎，每天都要處理內裏兩極的張力，及對外兩極化的角色和信息：

怯懦與能力

耶利米被召時年紀尚幼，且天性怯懦敏感，並自知拙於言辭，故想逃避那交付給他的擔子；但深知耶和華是他的力量，能使他成為堅城、鐵柱、銅牆（〈耶利米書〉1：18）。

拆毀與建立

耶利米的角色也是兩極化的。他不斷呼喚以色列民要拔出、拆毀他們的偶像和諸般惡行，同時又囑咐他們重新建立與神的關係（〈耶利米書〉1：10）。

恩愛與悖逆

耶和華以婚姻的愛情比喻祂和以色列民的關係，卻被子民的「悖逆」與「淫行」傷透了心。耶利米將神的慈愛與忿怒繪形繪聲地吐露出來，是他自己的感受，也是神的真情（〈耶利米書〉2：1-12, 3：1-5）。

活水泉源與破裂池子

人的選擇暴露了人的愚拙，不能存水的池子怎能與活水泉源相比呢（〈耶利米書〉2：13）？我們這些旁觀者會嘲笑他人的愚昧，當成為當局者時卻是昏迷。

雖然活在截然不同的年代，耶利米的情懷和信息對我們仍有一定的啟發性。以下默想的經文包括耶利米年輕時被召的過程，和他最早期的信息，都將他所面對的兩極張力浮現出來。你不妨將自己代入耶利米或以色列民的位置，試試對神的信息作出內心的回應。

耶利米書

閱讀經文	默想經文	默想重點
一. 1：1-19	1：17、18	祂能夠轉弱為強
二. 2：1-19	2：2、13	從恩愛轉為悖逆
三. 2：20-37	2：21、22	真葡萄變為壞枝
四. 3：1-25	3：1、5	神不會永遠懷怒
五. 4：1-31	4：19、20	災難臨肺腑疼痛
六. 5：1-31	5：13、14	先知話如風似火
七. 6：1-30	6：13、14	斥先知虛報平安

耶利米說，耶和華的話臨到我說：我未將你造在腹中，我已曉得你；你未出母胎，我已分別你為聖；我已派你作列國的先知。我就說：主耶和華啊，我不知怎樣說，因為我是年幼的。耶和華對我說：你不要說我是年幼的，因為我差遣你到那裏去，你都要去；我吩咐你說甚麼話，你都要說。你不要懼怕他們，因為我與你同在，要拯救你。這是耶和華說的。

《聖經》〈耶利米書〉1：4-8

心靈札記

奇怪，我可以在最意想不到的場合，見我最不敢見的人，講我不敢講的話，但竟然經歷心中的平安，和因祢同在而來的力量。

親愛的天父，祢真是明白我，祢最知道我心底裏面的恐懼、怯懦。我不止一次對祢說，為何偏偏選中我？為何要做這事？為何要往那裏去？為何要見這人？為何要說這話？我曾經說：我是年幼的！我今天仍說：我是不能的！

　　我仍然不明白在腹中被揀選是甚麼一回事，只是恩典！

　　父啊！祢的同在是如此真實。奇怪，我可以在最意想不到的場合，見我最不敢見的人，講我不敢講的話，但竟然經歷心中的平安，和因祢同在而來的力量。

　　父啊！祢一定要與我同在、同行，我不敢離開祢！

記於一九九九年

逆境中的盼望

與馬賽跑？
run with the horses?

> 我希望你將生命盡情發揮出來，追求正義，達到完美。我很清楚，做世上的寄生蟲很簡單，安於平凡也很容易；但簡單不一定較好，其重要性和成就也不一定較多。我呼召你過一種有目的、遠超過你所想望的生活，並且應許給你足夠的力量去成就一生的目的。如今，一有困難你就想停止了。假如這些繞著磨坊跑的冷漠眾生令你疲倦，那麼真正的比賽——和動作迅速的好馬比賽時，你該怎麼辦呢？究竟甚麼是你真正想要的？你是想和這羣人漫步，還是與馬一起賽跑呢？

《與馬同跑》
尤金・彼得生

「耶和華說：你若與步行的人同跑，尚且覺累，怎能與馬賽跑呢？你在平安之地，雖然安穩，在約旦河邊的叢林要怎樣行呢？」（〈耶利米書〉12：5）耶利米的疲累、埋怨，他與神的爭辯是可以理解的（〈耶利米書〉12：1-4）。猶大經過瑪拿西王55年完全與神背道而馳的統治後，整個國家陷入道德崩潰、淫行昭彰、迷信邪教的可怕深淵，耶利米的童年也在這極度的逆境中度過。雖然約西亞王銳意復興宗教，卻只恢復了一些外表的宗教禮儀，而未見實質的悔改和復興。

所以，耶利米要站在聖殿門口呼喊：「你們不要倚靠虛謊的話，說：『這些是耶和華的殿，是耶和華的殿，是耶和華的殿！』」（〈耶利米書〉7：4）又對耶路撒冷的居民說：「不聽從這約之話的人必受咒詛……」（〈耶利米書〉11：3-5）先知這些逆耳的信息很快便招惹殺身的危機，亞拿突人準備謀害耶利米（〈耶利米書〉11：21-23）。耶利米全心全意傳遞從神來的話，卻收不到預期的果效，氣餒之餘，有意放棄。

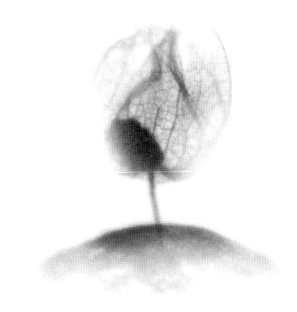

我是很容易與耶利米的心情認同。被召之時已經覺得使命遠超過自己的能力；踏出一步承擔使命時，竟是困難、波折重重；最難堪的是遭遇所服侍的人惡意批評和攻擊。在疲憊挫折一浪接一浪時，最容易的反應是「I quit！」想放棄！

很多人在人生路上未能真正發揮自己的潛能，未有找到自己在神國裏的崗位，都是因為放棄得太早。

神造雀鳥要牠們在天空飛翔；造駿馬要牠們在原野奔馳；造戴德生要他為中國獻上「千條生命」；造 Eric Liddle 要他如「烈火戰車」般在跑道上和宣教工場上奔跑；祂造耶利米要他成為「列國的先知」，成為「堅城、鐵柱、銅牆」，要他「與馬賽跑」！

耶利米與我們的性情一樣，他的一生約是六十載，表面看來沒有甚麼「成就」；但是在神的手中卻成為貴重器皿，在猶大歷史最黑暗的日子中成為明燈。難怪尤金 • 彼得生以他為最欣賞的《聖經》人物之一。我們不一定是被召作先知，作宣教士，每個人的角色和崗位都不同。但是尤金 • 彼得生在耶利米身上找出一個要活得豐盛的關鍵素質：giving ──甘心的捨棄，全心的奉獻！

「給予」是人類行為的最高表現；早在出生前，這種「給」的行為就已經賦予我們了。神將祂自己毫無保留地給了我們，祂也要我們如此行。祂把我們交給家庭、鄰居、朋友，甚至敵人。有些人不顧一切地想依靠自己，為自己而活。由於珍惜寶貴的生活，我們可憐兮兮地抓緊岸邊的枯枝，不敢冒險地試試新羽翼。我們不相信自己可以活得更豐盛，因為從來沒有試過。其實愈早開始愈好，因為我們終歸要放棄生命的；愈是等待，在恩典中翱翔的時日就愈短促。

《與馬同跑》
尤金・彼得生

你可曾經歷疲憊無力？在事奉或人生路上可曾想掉頭？你在耶利米身上可曾領會到甚麼是「給予」？你可知道神想見到你「與馬賽跑」？

耶利米書

閱讀經文	默想經文	默想重點
一. 7：1-34	7：1-4	辨別敬虔的虛實
二. 8：1-22	8：20-22	久候仍未見醫治
三. 9：1-26	9：1、2	為被殺百姓哭泣
四. 10：1-25	10：6-8	敬拜真神棄偶像
五. 11：1-23	11：3-5	破壞聖約被咒詛
六. 12：1-17	12：5、6	克逆境與馬賽跑
七. 13：1-27	13：10、11	腰帶比喻緊貼神

耶和華說：你若與步行的人同跑，尚且覺累，怎能與馬賽跑呢？你在平安之地，雖然安穩，在約旦河邊的叢林要怎樣行呢？因為連你弟兄和你父家都用奸詐待你。他們也在你後邊大聲喊叫，雖向你說好話，你也不要信他們。

《聖經》〈耶利米書〉12：5-6

心靈札記

我知道在奔跑的原野叢林裏，祢為我預備了安歇的水源；
當我向天舉目，我又看見那燦爛的陽光！

耶和華啊！我現在的感覺真是與馬賽跑，我常覺疲累，心中有一個呼喊，我本來不想在此奔馳。我知道我不習慣在奔跑中聽見後邊有攻擊的聲音。有時候聽了一些似乎是好聽的話，事後卻覺得被騙，祢知道我內裏的波濤起伏。

　　與此同時，我又享受那為祢奔跑的喜悅，我又經歷到有一種超乎自己的力量在我裏頭推動。我知道在奔跑的原野叢林裏，祢為我預備了安歇的水源；當我向天舉目，我又看見那燦爛的陽光！

記於一九九九年

同工沈重的負荷

過去幾年,經常叫我擔憂的不是經濟困境,而是同工在工作上沈重的負荷。

經濟收縮影響人力資源的調控,每位同工都樂意多跑兩步;基本上人手凍結,只是工作量未能相應收緊。

我是當暫居宿舍家長的,住在「突破青年村」,往往在晚間見到同工加班;週末和假期更是青少年營會的「高峯期」,同工和義工擠滿了青年村。

我的心情十分予盾:同工的創意和拼勁叫「突破」的事工繼續拓展,「青年村」領袖培訓很受歡迎,各種福音、文化、教育、服務的需求從本港、國內、海外不斷湧現——我們實在應接不暇!

疲憊接著便是「燒盡」(burn out),我們知道主不希望看到

我們這樣。

　　我們沒有忘記:「得救在乎歸回安息,得力在乎平靜安穩。」
──我們卻是如馬奔跑!

　　我們惟有謙卑歸回,尋求主面,與主同行!

逆境中的盼望

陶造・再造

formation, reformation

> 信心生活是非常實際的,作基督徒也是離不開空間、時間和各類的事情。它意味著自我被拋棄在窰匠的輪子上,被塑造成有用而美觀的器皿;一旦成品無用或不好看,就被重新塑造了。這個過程雖很痛苦,然而卻十分值得。
>
> 《與馬同跑》
> 尤金・彼得生

「……以色列家啊，泥在窰匠的手中怎樣，你們在我的手中也怎樣。」（〈耶利米書〉18：6）耶和華呼喚以色列家歸回，尊重祂的主權，接受祂細心的陶造、再造。先知耶利米也是在主的手中，一生被陶造，成為既美麗又貴重的器皿。

現代人都追求「終身學習」，並千方百計尋求機會，能夠落在名師的手中。讓我們細察神如何傾心陶造祂手中的僕人：

窰匠的轉輪

生活中，輪子代表著日常環境的運轉，常是單調的、平凡的、瑣碎的，但卻是有目的的，是為了完成神既定的心意。神往往是用平凡的環境，將祂所愛的人的潛質和特性引發出來。除了神呼召你過的生活，其他生活方式都無法為你的本質提供發展的機會。（《耶利米 —— 祭司和先知》F. B. Myer）所以，不要輕看日常生活中的操練，看似單調、沈悶，像窰匠的轉輪一樣，卻能鍛鍊出內在的品格。

窰匠的手

窰匠的手是慈愛溫柔的手,是細心塑造的手,是保護的手,是管教的手,這一切耶利米都經歷過。耶利米用不同方式表達他與神的親近,被神的觸摸和聲音引導下的喜悅和成長:「我得著你的言語就當食物吃了;你的言語是我心中的歡喜快樂,因我是稱為你名下的人。」(〈耶利米書〉15:16)請你細想被神的手觸摸、塑造的經歷。

火窰裏的烘焙

泥土經過窰匠的手塑造和轉輪的過程後,就被送進窰裏烘焙,以固定形狀。耶利米多次經歷被攻擊、被囚、被打、被唾棄的磨練,像經過火一般。

真的,我可以完全確定地說,我在世度過七十五年所學到的每一件事,曾經真正提升、啟迪我的存在的每一件事,無論是因追求或遭遇而得來的,都是透過苦難,而不是透過快樂。

Malcolm Muggeridge

還記得你經過火窰的感覺嗎?過程當然不好受,事後有甚麼領受和成長?窰匠的比喻最觸動我心的,是他沒有丟棄那些在陶造過程中破裂的器皿,他細心地將碎片收拾,糅合在一起,再放在

輪上另作一個器皿。

《聖經》中充滿了神將人再造的故事：

　　祂在雅博渡口遇見雅各時，重造了他；雖然雅各生性狡猾詭詐，但經過相當長的摔跤之後，他成了神的王子。祂又在復活的清晨再造彼得，那時他正在打開的墓邊，祂使這位巴約拿（意即「鴿之子」）成了彼得（意即「堅強如石」）。祂又再造馬可，他曾因畏懼旅途艱辛而離開保羅和巴拿巴，神卻使他成為彼得屬靈的兒子；後來保羅從獄中寫信時提到馬可，可以說馬可是於他有益的。

F. B. Myer

你又曾否經歷過神的再造之恩？

耶利米書

閱讀經文	默想經文	默想重點
一. 14：1-22	14：19-22	苦中仍要等候神
二. 15：1-21	15：16、17	吃神的話得喜樂
三. 16：1-21	16：14、15	被趕後仍歸故土
四. 17：1-27	17：7、8	河邊紮根結果子
五. 18：1-23	18：1-4	窰匠陶造並再造
六. 19：1-15	19：10、11	碎瓶喻神的擊打
七. 20：1-18	20：7-9	神的話骨中的火

窯匠用泥做的器皿,在他手中做壞了,他又用這泥另做別的器皿;窯匠看怎樣好,就怎樣做。耶和華的話就臨到我說:「耶和華說:以色列家啊,我待你們,豈不能照這窯匠弄泥嗎?以色列家啊,泥在窯匠的手中怎樣,你們在我的手中也怎樣。」

《聖經》〈耶利米書〉*18:4-6*

心靈札記

祢沒有撇棄這破裂的器皿,仍用祢溫柔的手將我拿到祢的手中,重新再塑造。

主啊！祢告訴我祢是窰匠，祢邀請我被祢陶造，按祢看為好的造成祢所喜悅的器皿。我知道自己既想被陶造，同時，我也有自己看為好的模式；所以有時想從祢的手中掙脫出來，從輪車上跳下來。

　　掙脫了，跳下來了──破裂了！

　　感謝祢再造之恩！祢沒有撇棄這破裂的器皿，仍用祢溫柔的手將我拿到祢的手中，重新再塑造；不離不棄，繼續用心重造我。祢細心的再造，連裂痕也不再顯露，謝謝祢的陶造、再造之恩！

記於一九九九年

逆境中的盼望

堅定力

resilience

其實,耶利米亞沒有下定決心要忍耐二十三年;他只是黎明即起,且知道這一天是屬於神的,不是屬於人的。他每早起來不是去面對人的排斥,而是去朝見神;不是去忍受另一次的嘲弄,而是要和他的神在一起;這就是他之所以能堅持到底,走這條朝聖之途的祕訣。不是滿心恐懼地想著前面漫長的路,而是懷著順服的喜悅和期待去迎接現在的每一刻:「我的心已經預備好了!」

《與馬同跑》

尤金•彼得生

「從猶大王亞們的兒子約西亞十三年直到今日,這二十三年之內,常有耶和華的話臨到我;我也對你們傳說,就是從早起來傳說,只是你們沒有聽從。耶和華也從早起來,差遣他的僕人眾先知到你們這裏來(只是你們沒有聽從,也沒有側耳而聽),說:『你們各人當回頭,離開惡道和所作的惡,便可居住耶和華古時所賜給你們和你們列祖之地,直到永遠。』」(〈耶利米書〉25:3-5)

二十三年了,耶利米年屆中年,也到了他事奉的中期,是回顧重估的時候,也是前瞻未來的時刻。正逢逆境重重,事業似乎陷於困境,是最容易放棄的關鍵時刻。

今天,整個世界亦驚覺逆境的殺傷力和癱瘓力,有些專家提出對策:

「逆境商數」環繞著幾個觀念:逆境的控制(control)、逆境的來源(origin)、解決逆境的擁有權(ownership)、影響的幅度(reach)、逆境的持續性(endurance)。

「抗逆力」包括幾個重要元素：處理情緒、人際關係的能力，解決難題的能力（competence），擁有歸屬感與支持系統（belonging），擁有樂觀的心境（optimism）。

這些概念都有助我們面對逆境，但卻欠缺了一個屬靈的角度。耶利米是一位逆境先知，他的經歷有助我們培育一種從神而來的堅定力，涵括另外幾股從裏面發出來的力量。

從神而來的召喚（vocation）

要明白耶利米，一定要細讀他如何被召，過程中神如何應許並肯定他（〈耶利米書〉1：4-19）。《聖經》常把先知、祭司、君王、使徒被召的過程詳細地記錄下來，當這些人陷於困境時，神會提醒他們被召的經歷和身分。這種「召喚的經歷和身分」是逆境中重要的支持力，我知我服侍的是誰！我知我是誰！

從神話語而來的能力（empowerment）

耶利米常說：「耶和華的話臨到我！」〈耶利米哀歌〉中透露得力的祕訣：「耶和華啊，求你記念我如茵蔯和苦膽的困苦窘迫。我心想念這些，就在裏面憂悶。我想起這事，心裏就有指望。我們不致消滅，是出於耶和華諸般的慈愛；是因他的憐憫不致斷絕。每早晨，這都是新的；你的誠實極其廣大！我心裏說：耶和華是我的分，因此，我要仰望他。凡等候耶和華，心裏尋求他的，耶和華必施恩給他。」（〈耶利米哀歌〉3：19-25），耶利米每清晨歸回安靜，在主跟前等候祂的話，領受祂的旨意。持久的事奉是帶著話語能力的事奉，神的話是「火」，是「大錘」！（〈耶利米書〉23：29）

從神而來的持久力（Persistence）

〈耶利米書〉有一個鑰字：hashkem，英文譯作 persistently，中文譯為「從早起來」；這個字昔日是用來形容那些太陽未出來，一早便要起來肩負重擔走遠路的人的活動。這個字在〈耶利米書〉共出現 11 次，每次都是描繪先知的信息遭抗拒時如何堅守崗位。

"Persistently" 充分裝載了神對人不離不棄之情；「從早起來」表達一種有備而戰的心情，深知這是一條漫長的路，一定要有足夠的心理準備和心靈裝備。

> 我們不能早早起來聽神的話，我們每天也沒有找出一段安靜獨處的時間，來預備這一天的生活。蓋瑞・威爾斯（Garry Willis）說：一個新造的人「必定會塑造自己的生活，而他的時間表上一定有空餘的時間，用來反省、研讀和創造。」
>
> 《與馬同跑》
> 尤金・彼得生

> 天才多半具備一般人所不能及的好奇心與想像力,他能終身狂熱地從事同一件工作,絕不會中途放棄或轉向其他事物。
>
> 《與馬同跑》
> 尤金・彼得生

耶利米如何向以色列民宣告民族的厄運?如何斥責假先知?如何警戒反叛者?先知的堅定力、不離不棄之情盡露無遺。面對前所未見的逆境,我們的堅定力從何而來?

耶利米書

閱讀經文	默想經文	默想重點
一. 21：1-22：30	22：3、4	勸君民歸回正路
二. 23：1-40	23：23、24	近處和遠處的神
三. 24：1-10	24：6、7	被擄歸回重建立
四. 25：1-38	25：3-5	不離不棄傳主話
五. 26：1-24	26：13、14	忠於主無懼死亡
六. 27：1-22	27：14、15	怒斥假先知惑眾
七. 28：1-17	28：8、9	從結果辨別先知

從猶大王亞們的兒子約西亞十三年直到今日，這二十三年之內，常有耶和華的話臨到我；我也對你們傳說，就是從早起來傳說，只是你們沒有聽從。耶和華也從早起來，差遣他的僕人眾先知到你們這裏來（只是你們沒有聽從，也沒有側耳而聽）說：「你們各人當回頭，離開惡道和所作的惡，便可居住耶和華古時所賜給你們和你們列祖之地，直到永遠。」

《聖經》〈耶利米書〉25：3-5

心靈札記

二十五年了！從早起來，祢仍對我說話，祢的話是我的力量！

親愛的主,二十五年了!從早起來,祢仍對我說話,祢的話是我的力量!祢的話叫我在混亂中沒有迷失方向;祢的話叫我在低沉時再次挺身站起來;祢的話叫我憂傷時得安慰。祢提醒我,是誰起初將我放在這個既有意義,卻又有時吃力不討好的崗位。

　　二十五年了,我看見生命得改變而極度興奮,我經歷被人誤會和拒絕而心傷。是祢不離不棄的愛叫我繼續堅持 —— to serve you persistently!

記於一九九九年

部門重整

「突破」同工大部分都是文化人或是前線工作者,我們的強項並非行政管理。遷進「青年村」後,地方大了,部門多了,同工和義工的人數幾乎倍增,不再是「家庭工業」,而是「中型企業」,故急需再創、改組、重整(re-invent, restructure, reengineer)。

在重整的過程中,舊的同工覺得人情味淡薄了,新的同工覺得「突破」部門與專業太多,不易適應;中層的管理同工最辛苦,要應付上與下不同的要求,又要作跨部門的溝通與合作,疲於奔命。

我也要勤讀一些關於行政管理的書:最切合的課題是如何管理轉變,如何調控混亂(management of change, management of chaos)。

我發現外面的混亂不容易受控制,所以最重要是擁有內裏的寧靜;事工劇變難以避免,最重要是同工能包容與和睦;錯失也是必然有的,最重要是大家願意悔改,願意饒恕。

我們要認定:「突破」不單是一個機構（organization），而是一個服事神的羣體（community）。

逆境中的盼望

活在盼望中
living in hope

在耶利米的信息中,希望才是最重要的主題。對他來說,傳審判的信息是十分艱難的,他很多時真想退縮與逃避。但是他確實知道,審判不是最後的,耶和華要將以色列帶至一新而且永久的關係,使他們恆常地蒙福。最高峯是在 31 章 31-34 節。

《耶利米書》
唐佑之

當眾多的假先知傳遞平安的信息時，耶利米獨力呼喊：回歸！審判！當巴比倫大軍壓境、耶路撒冷淪陷、以色列民被擄之時，耶利米卻傳達安慰之言：盼望！復興！

以色列人被擄到巴比倫，在異鄉敵國的土地上，極度沮喪，消沈絕望，想不到耶利米竟然請人送信，勸勉被擄之民全然投入生活、娶妻生子，並為那城求平安！（〈耶利米書〉29：4-7）

昔日猶太人被拋到列國當中，想不到有些「遺民」竟在外邦之地遇見神，並在巴比倫的歷史與文化中寫下光輝的片段。今天華人亦散居萬國，耶利米的信息仍然適切：投入、承擔，為那城求平安！

盼望並非無依據的妄想（wishful thinking）！活在最幽暗的時刻最需要盼望，且須審慎辨明盼望之源。

「古時耶和華向以色列顯現，說：我以永遠的愛愛你，因此我以慈愛吸引你。以色列的民哪，我要再建立你，你就被建立；你必再以擊鼓為美，與歡樂的人一同跳舞而出。」（〈耶利米書〉31：3-4）

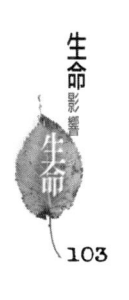

耶利米在猶大最幽暗的時刻傳遞的信息是醫治（〈耶利米書〉30：17）、忿怒將過（〈耶利米書〉30：23-24）、另立新約（〈耶利米書〉31：31-33）、赦免（〈耶利米書〉31：34）、歸回（〈耶利米書〉33：7-9）、復興（〈耶利米書〉33：12-13）、拯救（〈耶利米書〉33：14-16）。

耶利米是受創的療傷者（wounded-healer），他在諸般創傷中已經歷過神的醫治和拯救。對他來說，盼望不是一個單憑信心的遠景，乃是他此時此刻親身經歷的實體——是未來時式，也是現在時式！

耶利米身陷囚室，竟然向親戚購買在亞拿突一塊被敵軍侵佔的土地，當日地產市道已經全面崩潰，復甦無期！

信心沒有行為是死的，盼望沒有行動是虛無飄渺的；然而，信心與盼望是逆流的，是眾人看為愚拙的，是沒有市場的！

能夠將希望以行動表現出來，是因為確信神將要完成已經開始的工作，即使由外表看來是多麼不可能的事。……面對死亡時，所有的盼望便是仰賴神的恩典：視生命為一份禮物，而非一項酬勞或懲罰；希望是始終堅持、懷著盼望、愉悅地活在神話語的大能中。……當然，讓自己停止任

何冒險而陷在毫無希望的景況中，這遠比付出很多代價而活在希望中來得容易，因為我們可以過著慵懶的日子，卻又絲毫不會損及名聲。如今作犬儒主義的擁護者，是很時髦的；而活在看不見的盼望中，卻反而違背時代潮流。

《與馬同跑》
尤金‧彼得生

二十八年來，「突破」都是活在盼望中：當大批人移居他鄉時，我們呼喊「尋根、植根、紮根」；當香港地產狂瀉時，我們購買了「突破中心」；當各界都不再作長期計劃與投資時，我們興建了「青年村」；當眾人都覺得香港的青少年是問題、是暴風時，我們說"There is a leader in You！"相信他們能成為未來的領袖。

讓我們進入耶利米先知信息的核心：安慰和盼望；在安靜中不再定睛在四周的逆境，而是仰望那盼望的源頭，讓我們成為活在盼望中的人。

耶利米書

閱讀經文	默想經文	默想重點
一. 29：1-32	29：4-7	安居他城求平安
二. 30：1-24	30：17, 23、24	忿怒過後得醫治
三. 31：1-40	31：31-34	蒙赦免另立新約
四. 32：1-44	32：14、15	購地宣告有明天
五. 33：1-26	33：14-16	大衛後裔成救恩
六. 34：1-22	34：17-19	背約失卻真自由
七. 35：1-19	35：13、14	利甲族堅守遺訓

耶和華說：我必使你痊愈，醫好你的傷痕，都因人稱你為被趕散的，說：這是錫安，無人來探問的！

《聖經》〈耶利米書〉30：17

古時耶和華向以色列顯現，說：我以永遠的愛愛你，因此我以慈愛吸引你。以色列的民哪，我要再建立你，你就被建立；你必再以擊鼓為美，與歡樂的人一同跳舞而出。

《聖經》〈耶利米書〉31：3、4

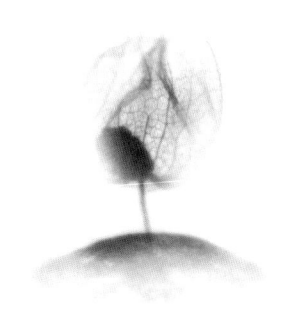

心靈札記

我知道祢要將她們從深淵中拯救出來。是的,她們要跳舞而出,將眼淚變為歡呼!

親愛的天父啊，這幾天，我彷彿進入了一個無底的深淵中，在兩個暫居在我家中的「女兒」身上，看見家庭的殺傷力原來可以如此無情，叫人如此絕望。

　　主啊，我親身經歷過祢的醫治，我知道祢的慈祥是真實的，祢的愛是永遠的，是無條件的，不因為我做過甚麼值得祢愛；只因為祢主動地動了憐憫的心。

　　主啊，我為這兩個「女兒」祈求，讓她們也經歷祢那無法解釋的愛，我知道祢要將她們從深淵中拯救出來。是的，她們要跳舞而出，將眼淚變為歡呼！

記於一九九九年

聽與從——接收從神來的信息

receptive listening

> 是聖靈在動工啟示他。聖靈最特殊的功用就是打開古代先見的眼目，讓他們看見那不可見的永恆世界之偉大事實，而這些事實很快就會在這短暫、可眼見的世界裏重現出來。……現今已沒有這樣的情形。然而人還是可以成為先見。正如有兩個人並肩而坐，知覺的簾幕可能在其中一人的面前嚴密地低垂著，但對另一人卻是從上到下裂成兩半。
>
> 《聖經》〈耶利米〉
> F. B. Myer

「He is there, and He is not silent!」我們的神是個可以溝通的神。歷代以來，神都差遣先知作祂的代言人；重要的信息祂選擇用文字為媒介，將這些信息保存下來，不但在當代廣傳，並且留給後代。

耶利米向以色列的君民傳達審判和悔改的信息（〈耶利米書〉36：1-8），是由巴錄負責記錄。〈耶利米書〉讓我們看見昔日不同的人對神的信息有不同的回應。

約西亞王聽到〈申命記〉的信息，立刻有回應，有行動。他的悔改帶動全國的宗教復興（〈列王紀下〉22：19）。約西亞的兒子約雅敬王的臣僕聽了巴錄念耶利米的信息，也害怕，並且立刻上稟君王；只是約雅敬卻「不懼怕，不撕裂衣服」，反而用刀割卷，以火焚書（〈耶利米書〉36：23-24）。

凡是企圖利用《聖經》、控制《聖經》的人，就好比拿著刀子的約雅敬。《聖經》豈能被人利用？它乃是神呼召我們的話語，要我們回應祂；回應必須是虔誠的，而且總是超越個人本身，永遠在我們之前。

《與馬同跑》
尤金・彼得生

〈耶利米書〉37至38章，記載三種不同性情的人，對神的信息有不同的回應：

守門官伊利雅：他是典型的官僚，按章工作、對一切信息都充耳不聞。這種既因循又固執的個性，往往不易回應一些不按常規的發言人和信息。

西底家王：他是柔弱無力、易受唆擺的人，誰在他耳邊說話都叫他左搖右擺。有時好像對神很有反應，但轉眼間又背道而馳。

宮中的太監古實人以伯·米勒：他是個有情有義的人，一向信任和尊重耶利米。反而是這外邦人對耶利米最有情，最尊重先知的信息，並且在危難中向耶利米伸出溫柔有力的援手（〈耶利米書〉38：11-13），最終得到神的拯救（〈耶利米書〉39：15-18）。

先知不會因為受眾的反應不同而更改信息的內容。既不會諂媚聽眾，討好他們，也不會因為自己是個滿有憐憫心腸的人，而在傳講神的信息時隱瞞壞消息。

先知既用心聆聽神的話，也用心傾聽人的話。「我已經聽見你們了，我必照著你們的話禱告耶和華——你們的神。耶和華無論回答甚麼，我必都告訴你們，毫不隱瞞。」（〈耶利米書〉42：4）一個出色的領袖必須是個用心聆聽的人。

軍長約哈難於被擄時期仍留在

耶路撒冷,他曾嘗試拯救巴比倫所立的省長基大利;省長被以實瑪利所殺後,約哈難對迦勒底人產生莫大的恐懼。當時很多猶太人想逃到埃及躲避迦勒底人,再加上他們的「狂傲」(〈耶利米書〉43:2),根本無心裝載耶利米勤勉他們留居耶路撒冷的信息。恐懼與狂傲成為他們聆聽的障礙,甚至將耶利米的話貶為「謊言」。

猶太人最大的悲劇是對神的信息聽而不聞,連逃往埃及的難民也是「不聽從,不側耳而聽,不轉離惡事」。最終神的怒氣和忿怒都倒出來,在猶大城邑中和耶路撒冷的街市上,先知預言的災難終於降臨!

「聆聽」是二十一世紀領袖必須具備的素質,Robert Greenleaf 倡議的是 "receptive listening"。最重要的不單是對人的聆聽,而是對神的聽與從,聆聽從神而來的信息,並以順服的心來回應。

「聆聽」是〈耶利米書〉主要課題之一,試細想自己在聆聽神這功課上有甚麼長處、短處,和要克服的障礙。

耶利米書

	閱讀經文	默想經文	默想重點
一.	36：1-32	36：1-3、16、24	同信息不同回應
二.	37：1-38：28	38：20、21	神的話不容更改
三.	39：1-18	39：16-18	敬畏神必蒙拯救
四.	40：1-16	40：2-4	以順從的心聆聽
五.	41：1-42：22	42：4-6	細心聆聽後代求
六.	43：1-13	43：2-4	狂傲的心難聽從
七.	44：1-30	44：4-6	不聽神話招怒氣

先知耶利米對他們說：「我已經聽見你們了，我必照著你們的話禱告耶和華——你們的神。耶和華無論回答甚麼，我必都告訴你們，毫不隱瞞。」於是他們對耶利米說：「我們若不照耶和華——你的神差遣你來說的一切話行，願耶和華在我們中間作真實誠信的見證。我們現在請你到耶和華——我們的神面前，他說的無論是好是歹，我們都必聽從；我們聽從耶和華——我們神的話，就可以得福。」

《聖經》〈耶利米書〉42：4-6

心靈札記

往往,是自己的喜好、恐懼、自我中心等,叫我不是聽不見,卻是沒有聽而又從。

親愛的天父，求祢賜我聆聽的耳朵、聆聽的心，叫我曉得如何為我的家人、我的同工和祢要我服侍的人代求。我正在學習用心聆聽，祢要我向他們說甚麼話——要以愛心、以誠實傳遞祢的心意；我知道有些話並不悅耳，但祢仍要我去說。

　　父啊，我更願意學習用一顆順服的心既聽且從。往往，是自己的喜好、恐懼、自我中心等，叫我不是聽不見，卻是沒有聽而又從。

　　父啊，祢所喜悅的是一顆順服的心。

　　主啊，請說，僕人敬聽！

記於一九九九年

《突破》雜誌休刊

在「突破」這二十八年裏,其中一項艱難的決定,是《突破》雜誌休刊。

「突破」運動由《突破》雜誌開始,這本雜誌也伴著好幾代的青少年成長,休刊似乎辜負了許多支持者的厚望。

在宣佈休刊的記者會上,出席的記者數目空前地多,大部分都關注一個問題:裁員多少?

不是由於經濟拮据,以裁員停刊來挽救經濟危機;而是經過了深層的掙扎和反省:負責的同工都疲累了,一直都在苦苦支撐;更主要的是新一代青年人的閱讀方式改變了 —— 我們看到報章雜誌化了,汲取資訊的渠道轉移到互聯網上,所有的雜誌都圖像化了,讀者的期望是更多互動、更多參與 —— 雜誌需要以全新的思維再出發了。

我們對雜誌懷著不捨的情,期待著明天的另一場文化仗;外界的反

應非常強烈,教會內外的討論持續了好幾個月,尚未平伏。

《突破》雜誌休刊,我最捨不得,心底卻是出奇地寧靜。

全球性的使命

global mission

將自己伸展出去是走向完全的第一步,這不僅是為他人,也是為自己:「要認識基督的全人,必須所有人類共同奮鬥。」超越各種藩籬,深入各個種族(或如耶利米一樣運用想像,或如西萊雅一樣實地前往),以表彰神無私的大愛,同時也使我們本身更加健全。人不可能閉鎖在自己的習慣中而達到完全的地步,即使他相當虔誠;即使他們的信仰十分純正,也不可能在一個排他性的小集團中臻於成熟。橡樹不能

有人以為〈使徒行傳〉是普世差傳的起步點，其實早在舊約，我們已經領會到，主是個關懷萬國的主：神曾應許亞伯蘭「萬族都要因你得福」（〈創世記〉12：3）。約瑟成為埃及的祝福，但以理成為巴比倫、瑪代波斯的祝福，末底改、以斯帖和尼希米都在波斯宮廷內事奉，約拿將福音帶給尼尼微，歷代的先知都經常向列國傳遞神的信息。

> 生長在一個小桶子裏，因它需要廣大的土地和天空；同時，人也不能生存於偏狹的教派中，否則永遠成熟不了。愈廣闊的世界，愈能培養我們回應的能力。
>
> 《與馬同跑》
> 尤金・彼得生

耶利米被召成為列國的先知，他沒有周遊列國，只是後期才被帶到埃及；然而他卻忠於呼召，向十個國家發出預言，而且從預言的內容可以發現，他對這些國家的地理、國況、人情都有一定的掌握，並非泛泛空談。耶利米是一位愛國的先知，也是一位胸懷普世的先知。

從耶利米的宣講中，我們得見耶和華是列國之主，列國的歷史都在祂的掌握之中，強如巴比倫也不過是祂「爭戰的斧子和打仗的兵器」，神要因巴比倫「打碎列國，毀滅列邦」。神的選民更是難逃耶和華管教的怒氣。

先知給列國的信息，並非局限於懲罰和審判，神同時向他們發出回歸和振興的信息。人的罪孽難逃上帝公義的審判，但神在忿怒中仍有憐憫，祂仍是慈愛的主。

在耶利米身上，我們一方面感受到他生命的深度，同時也驚訝他的廣闊視野。資訊科技已將地球縮小成為「環球村莊」，今天要掌握全球性的資訊並不困難，要成為一個胸懷世界的信徒，難度比耶利米的年代大大降低。

擴闊視野，開拓心胸，同時是擴展我們生命的容量。J. B. Phillips 提醒我們：「Your God is too small！」

表面看來，耶利米只曉得關懷自己的國家民族，但細讀〈耶利

米書〉，便覺察到他的全球視野和胸懷。福音從馬禮遜傳入中國近二百年，到近年華人教會才積極推動普世宣教的使命。一般教會關心的領域仍然相當狹隘，因此容易將一些微不足道的小事放大，而忽視了全球性的使命。

人都是習慣在自己覺得安全的領域中生活，不容易舉步踏出自己的安全區。

我們看到耶利米的同時，在我們周遭：家庭、社區、教會，也有一些類似耶利米的人，他們走出舒適安全的家園去學習別種語言，了解異國文化，並勇於面對仇視和誤解。他們帶著傷痕，向世人證實在任何地方、任何種族都能過這種信仰生活——而且全世界、全人類都必須要過這種信仰生活。

《與馬同跑》
尤金‧彼得生

讓耶利米的視野、信息和生命對我們有所啟發。

耶利米書

閱讀經文	默想經文	默想重點
一. 45：1-46：28	46：25、26	埃及受罰後復甦
二. 47：1-48：47	48：46、47	摩押被擄復振興
三. 49：1-39	49：38、39	神在以攔設寶座
四. 50：1-46	50：45、46	巴比倫地陷震動
五. 51：1-40	51：20-24	神藉巴國懲列國
六. 51：1-41-64	51：61-64	巴比倫最終沈淪
七. 52：1-34	52：2、3	神怒氣傾覆聖城

看哪，我今日立你在列邦列國之上，為要施行拔出、拆毀、毀壞、傾覆，又要建立、栽植。

　所以你當束腰，起來將我所吩咐你的一切話告訴他們；不要因他們驚惶，免得我使你在他們面前驚惶。看哪，我今日使你成為堅城、鐵柱、銅牆，與全地和猶大的君王、首領、祭司，並地上的眾民反對。他們要攻擊你，卻不能勝你；因為我與你同在，要拯救你。這是耶和華說的。

《聖經》〈耶利米書〉1：10, 17-19

心靈札記

祢的同在能夠叫我堅強起來,無懼發出逆流的聲音,無懼世間的權勢。

親愛的天父，我聽見祢的邀請：「看哪！」祢要我舉目觀看祢在普天之下列國中的作為，是祢掌管人類的歷史，祢是列邦列國的真正主宰——祢拆毀要拆毀的，建立要建立的。

　　感謝主，祢應許與我們同在，祢差遣我們到君王面前，到眾民當中，傳遞祢要我們傳遞的信息，祢亦與我們同去。我知道自己內裏仍是怯懦的心。但是祢的同在能夠叫我堅強起來，無懼發出逆流的聲音，無懼世間的權勢。

　　親愛的天父，國度、權柄、榮耀，全歸於祢！

記於一九九九年

大時代的見證人

witness in times of crisis

> 絕大部分時間，我們並不活在每時每刻神慈愛與大能的經歷裏。我們根本並不活在真實裏；我們的注意力放了在別的地方。這個概念對我們來說，陌生得幾乎難以置信。我們活在自己意念建構的世界裏，一些似是而非的哲學在我們的腦袋裏嘈吵，製造混亂，還有幻夢、想望、恐懼、憂慮，和電視、錄像節目留下的片段記憶。……默想供予我們一個機會，讓我們在思緒散渙當中，與真實以及情感——屬於真實的那一部分，重新接連。
>
> *"Changing on the Inside"*
> 白約翰

〈耶利米哀歌〉是一卷感情澎湃的詩歌，是先知目擊耶路撒冷被陷時，湧流出來對耶路撒冷，對以色列民被神懲罰、被敵人踐踏那種極度哀傷之情；也是對神嚴厲審判的驚惶、敬畏之情。在極度哀慟下，同時發出一份對神的憐憫、拯救、重新建立以色列的盼望之情；過程中，他已經真實地經歷到神的憐憫和信實，天天更新（〈耶利米哀歌〉3：19-25）。

這是一卷國殤的哀歌，最重要的信息是：神才是真正的歷史之主。

這些詩文如實地呈現立約關係裏神聖公義的辯證，而跟〈約伯記〉相似之處，是它們顯示神——不是人——方是歷史舞台上的主角。隨著〈耶利米哀歌〉的鋪陳，它們清楚指出：猶大的毀壞內存真正的悲劇，在於整件事其實是差不多完全可以避免的。真正災難的成因出自這些人民本身，他們決意不顧代價，寧願追求敬拜偶像那虛妄和低劣的誘惑，而不選擇錫安之約內存的崇高倫理和道德理想。

R. K. Harrison

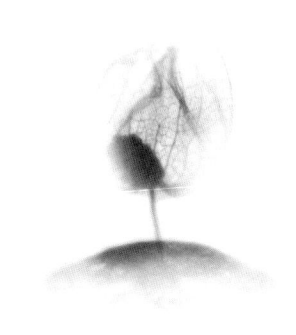

我們都是活在神的歷史中，但大部分人卻是旁觀者，沒有真正全人投入歷史，參與歷史的塑造——We do not live in reality at all！

要投入歷史，要有行動，更要有反思。耶利米親自踏過耶路撒冷的頹垣敗瓦，並代入這城市的身分，吐露這偉大的城今天如何孤冷落難（〈耶利米哀歌〉1章）。他真摯地描繪自己在急難中如何心腸擾亂（〈耶利米哀歌〉1：20-22），甚至覺得神對自己的選民出手太重（〈耶利米哀歌〉2：1-9）。他帶著淚不住向神呼求，在傾覆中他仍然舉手禱告（〈耶利米哀歌〉2：17-22）。最叫人驚訝的，是他每天經歷神的憐憫和信實（〈耶利米哀歌〉3：19-25），使他從開始被召時懼怕幼年承擔重責，到後來他認為幼年負軛是好的，並且安心獨坐、無言等候神的救恩（〈耶利米哀歌〉3：26-28）。過程中，他看清人性敗壞的可悲，且承認是以色列民的罪孽招致神傾倒烈怒（〈耶利米哀歌〉4：11-13）；最後他遙望以色列回轉的日子，期待著神最終的重建和復興（〈耶利米哀歌〉5：19-22）。

在行動主導的世界中，我們往往忽視默想和反思，以致觀察欠缺深度。在反思當中，可能我們只曉得往內看，察覺到人心的醜惡，卻忽略了同時往上望，靜觀

神的慈愛、憐憫、公義和信實。

法國耶穌會修士 Jean LaFrance 這樣說：「發現你的罪比較發現基督沒那麼重要，並且你會接近淚水的祝福。」他接著解釋原因，「你不能發現（基督的）面孔，而並沒有同時發現你心中所拒絕的東西，這才是你真正的罪。」……哭泣只是真正悔改所帶來的其中一種情緒，但是，和平、溫柔和心中更渴望饒恕別人，這些都會發生，喜樂亦有可能接踵而來──興奮快樂是因著被饒恕的奇妙，因著神充滿愛的接納。

白約翰

耶利米成為神歷史的見證人和參與者，以優美的文字、深厚的感情，為我們存留了以色列歷史一個大時代的哀書。我們也正活在一個大時代當中，你可曾洞察到香港這城市的「拆毀」？可曾聽見新一代發出有聲無聲的哀歌？又可曾為我們骨肉之親中被殺的人晝夜哭泣？

沒有拔出、拆毀、毀壞、傾覆，便沒有建立、栽植；沒有悔改、回歸，便沒有得救、安息。投入歷史，見證歷史，讓神引導我們去參與塑造歷史。

耶利米哀歌

閱讀經文	默想經文	默想重點
一. 1：1-11	1：1、2	哀聖城孤冷落難
二. 1：12-22	1：20-22	急難中心腸擾亂
三. 2：1-22	2：17-19	傾覆中舉手禱告
四. 3：1-25	3：19-25	憐憫信實每天新
五. 3：26-66	3：26-28	幼年負軛候主恩
六. 4：1-22	4：11-13	因眾罪神傾烈怒
七. 5：1-22	5：19-22	回轉祈求神復興

耶和華啊,求你記念我如茵蔯和苦膽的困苦窘迫。我心想念這些,就在裏面憂悶。我想起這事,心裏就有指望。我們不致消滅,是出於耶和華諸般的慈愛;是因他的憐憫不致斷絕。每早晨,這都是新的,你的誠實極其廣大!我心裏說:耶和華是我的分,因此,我要仰望他。凡等候耶和華,心裏尋求他的,耶和華必施恩給他。

《聖經》〈耶利米哀歌〉 *3:19-25*

心靈札記

我仍在等候,我仍然相信祢沒有放棄這嚴重受創、背叛祢的一代。

親愛的主啊，我可以說甚麼呢？我覺得有時好像將祢的話向石頭傳遞，沒有反應；我看見人離開祢奔跑時，落在何等的困局中，我的心極度憂悶。然而，我聽見祢向我呼喚，要我先歸回祢的憐憫和祢的救恩之中。祢要先醫治我，先安慰我；這安慰是真實的，祢的同在並不虛假。祢又賜我同心同行的肢體，與我共負這軛；祢的信實沒有改變。

　　親愛的父啊，我仍在等候，我仍然相信祢沒有放棄這嚴重受創、背叛祢的一代；是祢吩咐我陪伴他們尋找回歸和救恩之路！

記於一九九九年

第三章

生命影響 生命

「突破」新一代的同工、義工,都是些有心志服侍主,對青少年有情,且具優秀潛質,可被雕琢成才的人。邁進二十一世紀,「突破運動」新里程需要有人接棒,我懷著戰兢心情,學習怎樣才能亦父、亦師、亦友,培植接棒人。

生命工程

「突破」的同工和義工必須與生命的源頭保持緊密的結連,並且彼此建立生命,才有力量進入青少年的羣體中,實踐生命工程。

香港經歷「九七」的震撼，最大的後遺症是領袖荒；移民潮沖走了一批領袖——政府、教育界、工商機構、教會、福音機構都出現領導斷層的現象。

領袖培訓成為熱門的課題，然而不少課程是側重了資訊與技巧的傳遞。不能忽視的是洞察力（insight）比資訊（information）更重要，智慧有別於知識；心靈力（will）比生產力（skill）更重要，生命素質有別於工作技能。

由於資訊與生產力較易傳授、量度，而且有較明顯的即時經濟效益，所以較易被接納並且迅速普及化。洞察力和心靈力似乎高深莫測，難以量化，而且需要長

期培育才見果效，所以在講求短線效益的香港沒有市場。

《聖經》很明顯地著重生命素質：登山寶訓「八福」中強調的虛心、哀慟、溫柔、飢渴慕義、憐恤人、清心、使人和睦、為義受逼迫都是心靈力的指標。聖靈的果子包括仁愛、喜樂、和平、忍耐、恩慈、良善、信實、溫柔、節制都是指向內在的生命素質。

《聖經》沒有忽略具體的行為與工作：信心沒有行為是死的，愛主的表現包括照顧孤兒寡婦，大使命要求我們將福音傳到地極。甚麼樹結甚麼果——外在的工作果效仍是源於內裏的生命素質。

主耶穌說：「我來了，是要叫人得生命，並且得的更豐盛。」祂的使命是傳遞生命。

「突破」是一個青少年福音與文化運動，我們相信「生命影響生命」——「突破」使命的核心是「生命工程」。「突破」的同工和義工必須與生命的源頭保持緊密的結連，並且彼此建立生命，才有力量進入青少年的羣體中，實踐生命工程。

神讓我們看見很多工具的重要性：文字、影音、輔導、野外活動、創意活動、新媒體、互聯網……；同工們都努力裝備自己，掌握不同的專業知識與技能，善用各種工具，推動福音與文化事工。

我們又回到《聖經》，細讀其中所記載的師徒關係，學習如何才能活出生命影響生命這信念。

生命師傅——亦父、亦師、亦友

我常羨慕《聖經》中的一些人物：約書亞、以利沙、以斯帖、彼得、提摩太。他們都得到很好的栽培，而在背後孕育他們成才的人，亦往往與他們建立多重的關係——亦父、亦師、亦友。

我常感謝天父，賜給我一些在我身上留下印記、助我成長的人：有些是我刻意尋找他們為師，有些是暗地裏偷師，有些是有計劃地抽空給我指導，有些是在生活或工作中傳遞生命，個別可能從來不覺得是我的師傅⋯⋯我曾經將他們的名字一一寫下來，逐一向天父感恩。

「突破」接近二十八周年，同工義工數百人可說是幾代同堂。「突破」是個不斷蛻變、不斷學習的機構，時至今日我個人仍在不斷吸收新的知識、技巧，並每天尋求生命成長。感謝主賜給「突破」三十一位委身十年以上的資深同工，我們願意一同學習如何培育新一代的同工、義工，學習為父、為師、為友。

父親

保羅說：「師傅有一萬，為父的不多。」師傅傳授技巧，父親傳遞生命，兩者相輔相承。一個人未正視及處理自己和父親之間的情意結，很難作他人的父親，亦難與為父的人交往。要建立一個影響他人生命的「父子」關係，有四個不能忽視的元素：參與、穩定、醒覺、眷愛（involvement, consistency, awareness, nurturing）。一個好父親必須塑造子女的心性、靈性和夢想。

每一個家不能缺少父親，每個羣體都需要有人承擔父親的角色。

師傅

如何為師（mentoring, coaching）成為近年管理學和心理學的一個熱門課題。一個人在出道之後得不到良師指導，難以成為大器。一個好的導師能夠叫受導者在工作表現和學習能力有所提昇（Max Landsberg, "The Tao of Coaching"）。在學校裏面得到的知識有限度，而且較為理論性，投入工作後是另一種學習的開始。可惜的是今天不單為父的不多，在工作場所裏，為師的也不多；如何為師也是要從新鑽研及操練的一門學問。

朋友

　　主耶穌對祂的門徒說:「我是你們的主,你們的夫子,尚且洗你們的腳⋯⋯」;祂又說:「以後我不再稱你們為僕人,因僕人不知道主人所作的事,我乃稱你們為朋友,因我從我父所聽見的,已經都告訴你們了。」因此為父、為師的並不是高不可攀、叫人望而生畏的人物,還需要有一顆僕人的心,有朋友的真情。朋友的關係是互動的、對流的,彼此有回饋,有關顧,有服侍,有支持,有學習。

　　「突破」新一代的同工、義工,都是一些有心志服侍主,對青少年有情,且具備優秀潛質,可以被雕琢成才的人。邁進二十一世紀,「突破」運動新里程需要有人接棒,我懷著戰兢的心情學習怎樣才能亦父、亦師、亦友。

我的生命師傅——蘇恩佩姊妹

　　蘇恩佩與我在「突破」共事十年,她是我緊密的戰友,真正的亦師亦友。

　　大學時期曾讀過她的文章和小說(《仄徑》),早已被她那顆專一、單純、順服神的心所吸引。第一次與她相遇,是在一個福音戒毒團契,位於九龍城寨,這才發現這位弱不禁風的女士,對一些被忽視的人強烈地憐憫。

　　記得《突破》雜誌創刊第二年,收到一封從赤柱監獄一位囚犯寄來的信,恩佩立即安排和我一起到監獄探望這囚友。我永遠不會忘記,那次我們在囚房內與那位囚友一起讀經禱告,我體驗到生命觸動生命的真實。

　　一九七七年,在美國修畢神學和輔導,我們一家四口回歸「突破」;恩佩早已為我們租下了一個單位,並送我們一套牀單,還親自鋪好,

將整個單位打掃乾淨,迎接我們回家。

而叫我最驚訝的,是她敏銳的觸角往往能洞察到人與事背後隱藏著的傷痕或危機。有一次我禁不住要問她:「為甚麼你看的世界總是帶點灰色的?我看的世界可是藍色的。」恩佩柔聲回答說:「元雲,你還年輕;有一天你會明白的。」

恩佩,我今天明白了 —— 天色不是常藍,時有密雲,間中有暴風雨。不過,你在我生命留下的痕跡,卻能幫助我抵擋風風雨雨。

生命影響生命

摩西

如何培植接棒人

教導本身的目標是要提昇別人的水平和他們的學習能力。除了提供意見以作回應，同時還使用其他技巧，例如：推動力、有效的提問和有意識地調校自己的管理方式來配合受導者，以致他能準備好承接特定的差事。這是透過互動的交流方式，並非倚賴單方面的陳述和指示，協助受導者去幫助自己。

"The Tao of Coaching"
by Max Landsberg

當今在教會圈內、工商界、政界均求才若渴，偏偏遇上家中「沒有父親」，到處良師難求。最近不少文章和書籍均探討如何成為良師（mentor, coach）；良師的條件是既有專業知識，又要具備為師的技能，還要加上有情，更不能忽略美好的靈性。

除了主耶穌之外，沒有誰堪稱為全面的良師；每人都有他的強處，也有他的缺點。不過從人的層面，整體來說，摩西待約書亞，可算做到亦父、亦師、亦友。

摩西長於埃及的宮廷，自然接受過一定的裝備去承擔國家的領導重任，接着四十年的曠野生活是對摩西性情和靈性上的操練。他的岳父葉忒羅是米甸的祭司，明顯地是一位智者。他慧眼識英雄，將女兒西坡拉許配給摩西（〈出埃及記〉2：20、21）；後來他聽聞摩西講述出埃及的經歷，他立即稱頌耶和華（〈出埃及記〉

18：10-12），可見他是一個靈性敏銳的人。當他觀察到摩西獨力承擔不能負荷的重責時，他又從旁獻策，將摩西的領導權責下放，重新分配他的工作，這就甚具現代管理學專家的風範。摩西既有良師，他亦謙卑受教，裝備自己將來成為人師（〈出埃及記〉18：17-27）。

摩西很早已留意約書亞這個年輕人，並親自找他組軍出戰亞瑪力人（〈出埃及記〉17：9），又親自帶他上西乃山（〈出埃及記〉24：13）。約書亞被稱為「摩西的幫手」和「摩西所揀選的一個人」（〈民數記〉11：28），後來被選為窺探迦南的十二探子之一（〈民數記〉13：1 - 14：10）。結果只有約書亞和迦勒被神選上，可以帶領以色列人進入迦南應許之地（〈民數記〉14：29、30），可見摩西對約書亞的欣賞和器重，並能夠洞察約書亞的潛質。

摩西除了處處以身作則，展示領導的方式之外，最重要的是他處處敬畏神，在年輕的約書亞心中留下深刻的印象。摩西對以色列民多番的教導，相信約書亞一定銘記於心，日後更經常引用摩西的訓誨。摩西更懇切地為陣前爭戰的約書亞禱告（〈出埃及記〉17：11-13），禱告成為師徒間的重要連繫。當他察覺約書亞出言不當時，更直斥他不應「為我的緣故嫉妒人」。摩西說：「惟願耶和華的百姓都受感說話，願耶和華把祂的靈降在他們身上。」可見摩西胸襟廣闊，並他對約書亞愛得深，責得嚴（〈民數記〉11：26-30）。

摩西為「誰是接棒人？」懇切向神祈求，神就指示摩西將約書亞領來，按手，將尊榮分給他，在眾人面前將領導的權責交託他（〈民數記〉27：15-23）。摩西臨終時更多番親自教導，囑咐約書亞承擔重任，並向以色列眾人公開指示耶和華的揀選（〈申命記〉31：1-3）。耶和華亦親自囑咐約書亞，並應許與他同在（〈申命記〉31：23）。

為人師者，要有容人之量，不能忌才。要有願意將自己所知、所能掌握的技巧盡力傳授，並且願意放手交棒，為接棒人祝福，真心願意看見他成就自己所未能完成的任務。摩西自己亦未能進迦南，但他卻是心甘情願的將這個榮耀的職分交給他的接棒人——沒有嫉妒，沒有埋怨。

摩西是以色列歷史中最出色的領袖之一，當然他也有自己的衝動，在管理上也出現漏洞。然而，他在尋找、培植、交棒給接棒人這事上足以成為我們的典範。

常說一個成功的領袖要曉得如何找到接棒人（work himself out of a job），摩西真的做到了。

本章把默想的焦點放在摩西身上，下章再從約書亞的觀點看這段師徒關係。

下列是一些值得細思的問題：

1. 在你身上有哪些師傅曾經對你有所影響？
2. 他們如何教導你？又怎樣傳授生命？
3. 你可曾思想過尋找接棒人？可曾為這事禱告？
4. 在你的工作環境內、你的助手中，你看見「約書亞」嗎？怎樣才知道他們是適合的接棒人？
5. 你又可曾嘗試栽培你的「約書亞」？

出埃及記

	閱讀經文	默想經文	默想重點
一.	17：8-16	17：11-13	為父為師的禱告
二.	18：1-22	18：24-26	為師者謙卑受教
三.	24：1-26	24：12、13	師徒同上山見主

民數記

	閱讀經文	默想經文	默想重點
四.	11：16-30	11：28、29	愛之深並責之嚴
五.	13：17-14：10	14：6-10	實踐中操練信心
六.	27：12-23	27：15-20	等候揀選接棒人

申命記

	閱讀經文	默想經文	默想重點
七.	31：1-23	31：7、8	按神的應許勸勉

摩西召了約書亞來，在以色列眾人眼前對他說：「你當剛強壯膽！因為，你要和這百姓一同進入耶和華向他們列祖起誓應許所賜之地；你也要使他們承受那地為業。耶和華必在你前面行；他必與你同在，必不撇下你，也不丟棄你。不要懼怕，也不要驚惶。」

《聖經》〈申命記〉 31：7、8

心靈札記

在我仍然自覺諸般軟弱的今天，祢繼續與我同行。

慈愛的天父，祢真的沒有撇下我。我忽然想起那一天我接到恩佩離開世界的消息，我放聲痛哭，不能自控，極度悲慟。我從澳洲回到香港，感覺上好像要獨力承擔一個背不起的擔子，哀傷中加上的是驚惶。

　　十九年了，恩佩離開我們遠去，祢卻行在我們前面，並沒有撇棄我們，是祢的同在支撐我們走前路。

　　天父，謝謝祢賜給我好像恩佩這樣的師傅；感謝祢，在我仍然自覺諸般軟弱的今天，祢繼續與我同行。

記於二〇〇〇年

生命影響生命

約書亞

尊師、重道、愛神

> 生命師傅是個輩分較高，通常年紀較長的人，在工作的世界裏為年輕人的過渡交接而服務，幫助他，確立他在成人工作世界的位分，但也栽培他建立屬於自己的價值和信念。多數人以為自己有生命師傅，其實不然；真正的定義是在於工作世界裏年長與年輕人之間那份密切栽培的關係。
>
> *"Finding Our Fathers"*
> *Samuel Osherson*

生命師徒關係屬於最複雜的其中一種，同時對一個人的成長頗為重要 —— 在成年初階可以擁有……而為人師最好理解為一種愛的關係……但往往……濃烈的師徒關係在強烈的矛盾和相方不歡的情況下結束。

"Seasons of a Man's Life"
Daniel Levinson

師徒關係既有公事，又有真情，是亦父、亦師、亦友，十分複雜。Dr. Daniel Levinson 發現不少師徒關係最終決裂：為師的嫉妒徒弟的成就，為徒的不擇手段要超越師傅，或是重演昔日的父子恩怨。

摩西和約書亞都是有血有肉的真男兒：會動怒、擔憂、嫉妒，有孤單和沮喪的時刻。然而他們的關係一直維持下去，值得我們細思和學習。

摩西本身固然是良師，他亦有寬容大量和溫柔的心。他又慧眼識英雄，甘心樂意讓約書亞接替自己，完成他畢生的使命。

約書亞身為入室弟子，也有值得我們欣賞的素質。雖然他也曾為了維護老師而生嫉妒之心，遭摩西嚴責，但他仍然沒有失去對師傅的尊重和信任。

約書亞有一顆勇於承擔的心，所以摩西很早便委以重任。他奮勇到陣前作戰，相信師傅會在背後禱告支持（〈出埃及記〉17：8-16）。

他很早便以摩西為榜樣，經常親近並等候耶和華。他既是旁觀者，也親自投入參與（〈出埃及記〉33：1-23），這叫他日後不致因摩西離世而手足無措──帶領以色列人渡約但河，真正顯示了他信靠耶和華的心，而不是挾着師傅之餘威來帶領以色列人。另一關鍵的時刻是他面對面與神的使者遇上，認定了誰是以色列人的真元帥。

過份倚賴師傅、盲目崇拜師傅、處處靠師傅的聲望來助長自己的威信都是為徒的陷阱。

約書亞為良師所器重，亦遇上好的伙伴迦勒，同心並肩承擔窺探迦南的重任。他們二人卻因忠於所託，忠於自己的信念而遭其他同儕的排斥、嫉妒，甚至惹來殺身之禍。同門弟子同室操戈是

常見的情況，師徒關係亦往往因而決裂。

約書亞和迦勒未結黨自衛，並未以毒攻毒，藉摩西的器重而重手還擊。申冤在乎公義的耶和華，保護的重任亦落在為師的和父神的手中（〈民數記〉14：11-38）。

約書亞對神固然忠心，他至死都表明不變的心志：他和他的一家立志事奉耶和華，並且以此向他帶領的人發出挑戰（〈約書亞記〉24：14、15）。他亦一直尊重並傳遞摩西遺留下來的訓誨，經常向以色列民述說昔日神的作為，經常以摩西的話勉勵眾人。

約書亞做到為徒的三個要訣：尊重老師，重視神道，一心愛神和事奉神。

我們很難會遇上摩西這樣的老師，但是倘若能夠不斷反省自己為徒之心，一定能夠有助維持有建設性的師徒關係。本章默想的重點是從約書亞的身上細思為徒之道。但願這有助我們尋師，並且從師傅身上得到最大的幫助。

出埃及記

閱讀經文	默想經文	默想重點
一. 33:1-23	33:10、11	學習等候耶和華

民數記

二. 13:25-14:10	14:6-10	忠於信念遭排斥
三. 14:11-38	14:36-38	神按公義代申冤

約書亞記

四. 1:1-18	1:10-13	忠於師傅所託負
五. 3:1-17	3:5-7	憑信前行神同在
六. 5:1-15	5:14、15	認定誰是真元帥
七. 24:1-31	24:14、15	至死忠心事奉神

我豈沒有吩咐你嗎？你當剛強壯膽！不要懼怕，也不要驚惶；因為你無論往哪裏去，耶和華——你的神必與你同在。

　約書亞對呂便人、迦得人、和瑪拿西半支派的人說：「你們要追念耶和華的僕人摩西所吩咐你們的話說：『耶和華——你們的神使你們得享平安，也必將這地賜給你們。』」

《聖經》〈約書亞記〉1：9、12、13

心靈札記

我明白了,是祢的同在,才叫我有力量。

呼喚的主，我聽見了，是祢對我的召喚，我願意跟隨祢；同行的主，我明白了，是祢的同在，才叫我有力量。

　祢真的明白我內裏不能告人的顫抖，不敢暴露的驚惶。祢所交托的，確是過於我所能承擔的，我憑甚麼去完成祢所託付的呢？感謝主，祢真的與我同行這麼多年，過往每一次的難關，每一次的低沈，祢都伴我經過；我每一次的跌倒，祢仍把我扶起。

　再望前路，並舉目神州大地，我知道祢要將這地賜給我們，這是祢的心願，是祢的應許，是我們的使命，主啊我願意！

記於二〇〇〇年

我的生命師傅——滕近輝牧師

我從加拿大念完醫學回港,便立即拜候滕近輝牧師;我一直以他為我的牧者,以前在他主講的佈道會中決志信主,並由他為我施洗,加入他牧養的教會。

想不到滕牧師立刻致電李非吾牧師,推薦我到希伯崙堂事奉;更邀請我到宣道會北角堂作主日崇拜講道。我至今也不明白怎麼當時竟然膽敢接受他的邀請 —— 那是我在香港第一次講道。

我和滕牧師單獨接觸的機會並不多,但每次我想請教他,他從不拒絕。好幾次是在他教會附近一間較安靜的餐廳細談,有時是在他的辦公室。他總是安詳地細聽完畢,才作出回應。他的回應精簡,一針見血;只有肯定,加上祝福。

我不會忘記有一次,我因為面對一個危機,所以向他求助,尋求屬靈指引;他仍是不慌不忙,精確地分析事件。他從不批評任何人,只

是回到《聖經》，按著真理給我一些提點，叫我安心。

滕牧師的講道、著書、為人，總不離開《聖經》的真理，在他的薰陶下，我亦學習讓神的真理成為人生的抉擇及辨別人事的指引，並樂於每天查考、默想神的話。

有一次，我在一天內聽滕牧師主講了五堂大型的聚會；我見他毫無倦意、聲音雄亮，便向他請教：「你怎樣維持身心的力量呢？」滕牧師氣定神閒地回答：「當我在台上講道的時候，同時也是我休息的時候。」

我自問不知何時何日才到達這個境界，但是我明白：與神同工、倚靠聖靈能力、常在主裏休息，是一生服事主的祕訣。

生命影響生命

以利亞和以利沙

從個人到羣體

> 我曾致力塑造那些能塑造其他領袖的領袖……領袖能創造和啟發新領袖，透過逐漸增強他們領導能力的信心，幫助他們發展和琢磨那些他們並不知道自己擁有的領導技能。
>
> *"Developing the Leaders Around You"*
> *John C. Maxwell*

一個好的領袖一定不能單憑個人雙肩支撐重大的使命，他要有足夠的胸襟扶掖後進，培植一些能領導他人的人；從個人開山劈石的局面，進展為有接棒人領導的隊工和羣體（team work and community）。昔日的摩西如此，以利亞也是如此。

以利亞不單有孤單感，他在早期也確實獨來獨往地服侍主（〈列王紀上〉17章）：獨力挑戰四百五十個巴力先知，迦密山上的以色列眾人給他的支援不大（〈列王紀上〉18章）。最戲劇性的一幕是他在迦密山轟轟烈烈地大勝一仗後，竟然獨自逃命，逃避耶洗別的追殺，最後走到羅騰樹下求死（〈列王紀上〉19：1-4）。以利亞是個性情中人（〈雅各書〉5：17），他早期給人的形象是個獨行俠。

在何烈山的一個洞中，神將更大的使命向以利亞啟示，但卻並非交給他一人，而是透過他去尋找接棒人，並且建立一個先知的羣體，齊心竭力完成使命（〈列王紀上〉19：19-21；〈列王紀下〉2：1-14）。

一個理想的接棒人不單是師傅的揀選，也是神的指示和其他同門徒弟的認同。以利沙在這三方面都有印證。

以利沙從被召到以利亞升天為止，追隨和服侍以利亞十年。《聖經》沒有描述這十年的學習過程，但從以利沙後來的事奉，明顯地，我們可以看見以利亞的影子：對神的信心，對人的憐憫，對貧窮者的關顧，行神蹟的能力，對罪惡的斥責，對君王的無懼。然而，以利沙又與以利亞有顯著不同之處：他從開始便得老師指導，後來亦有同門師弟並肩學習。他較多在城市事奉，沒有曠野獨行俠的形象。他的服侍較多着重醫治，而且經常有門徒或僕人以隊工的姿態出現（〈列王紀下〉4-7章）。

以利亞的性情傾向獨處獨行，但卻順服神的指引，呼召了以利沙，並建立了一間先知學校。以利沙的長處在於他跟隨師傅的決心和堅持。他果斷地向父母請辭，並且謙卑服侍以利亞。在最後的一程，又經得起考驗，沒有離開師傅，更大膽地祈求感動以利亞的靈加倍的感動他！（〈列王紀下〉：2：1-14）

以利亞的事奉歷程十分富戲劇性，而以利沙和他的師弟和徒弟的事奉範圍則更廣闊，並且完成了神交託給以利亞的重大使命

(〈列王紀上〉19：15-18)。就如在北美進行領袖培訓的 John C. Maxwell 如此說：「領袖就是那些栽培有領袖潛質、增強他們發揮作用的人。」

從以利亞和以利沙的師徒關係，我們可以發掘一些值得借鏡之處：

1. 師徒的性情可以不同，事奉的恩賜和重點也可以有異。
2. 為師的要靜心聆聽上帝的指引，留心發掘一些可造之才，並且悉心培育他們。
3. 栽培接棒人需時——可能需要十載同行，傳遞生命。
4. 為徒的既要謙卑服侍，同時毋懼胸懷大志，甚至超越師傅。
5. 創業時可能是個人開山劈石，第二代守業並拓展時則需要建立隊工與羣體。
6. 一個經歷過被人培育的徒弟，日後可以成為一個出色的師傅。

本章研經和默想的重點，是要特別留意以利亞和以利沙的性情，並觀察他們如何為師、為徒，讓他們的生命豐富我們的生命，並且學習從個人的事奉，轉化為羣體的事奉。

列王紀上

閱讀經文	默想經文	默想重點
一. 17：1-24	17：21-24	信心與憐憫情懷
二. 18：20-46	18：21、22	事主難免孤單感
三. 19：1-14	19：11、12	回歸寧靜聽主聲
四. 19：15-21	19：20、21	上帝預備接棒人

列王紀下

閱讀經文	默想經文	默想重點
五. 2：1-18	2：9、10	求聖靈加倍感動
六. 3：9-20	3：15-18	靠聖靈放膽事主
七. 6：1-18	6：16、17	建立事奉的羣體

過去之後，以利亞對以利沙說：「我未曾被接去離開你，你要我為你做甚麼，只管求我。」以利沙說：「願感動你的靈加倍地感動我。」以利亞說：「你所求的難得。雖然如此，我被接去離開你的時候，你若看見我，就必得着；不然，必得不着了。」

《聖經》〈列王紀下〉2：9、10

心靈札記

我知道，靠祢的靈方能成事。

親愛的主耶穌，祢曾應許賜聖靈給跟隨祢、服侍祢的人。我亦曾經如此呼求：「願感動恩佩的靈，加倍的感動我。」

　　父啊，祢當日已經聽了以利沙的禱告，今天，求祢繼續垂聽我的呼求，將祢的靈澆灌下來，賜給「突破」群體中向祢呼求的人。

　　我知道，靠祢的靈方能成事。我不敢離開祢，我一定要緊緊跟隨祢、見到祢。求祢的靈充滿我！

記於二〇〇〇年

生命影響生命

末底改和以斯帖

生命的傳遞

那跟隨我的小伙伴
　　我希望成為謹慎的人，
　　有小伙子跟隨着我，
　　我不敢走入岐途，
　　惟恐他會走上跟我同樣的路。

　　我一次也不能逃避他的眼睛，
　　他看見我幹甚麼他也會嘗試，
　　像我，他說他將會成為——
　　那跟隨我的小伙伴。

　　我必須緊記　當我
　　經過夏日與冬雪，
　　我為未來歲月去陶造——
　　那跟隨我的小伙伴。

"Developing the leader within you"
John C. Maxwell

John C. Maxwell 給領袖作了一個最精簡的定義："Leadership is influence"。每個身為父母的都對子女有莫大的影響，而這影響並非局限於刻意的教導，乃是生命的傳遞。

　　同樣："Mentorship is influence"。父母子女的關係可以是師徒關係，而師徒亦一如父母子女，是生命的傳遞。

　　末底改和以斯帖這段美麗動人的故事，發生在瑪代波斯亞哈隨魯作王年間。末底改雖然是以斯帖的養父，但他對這養女關懷備至，猶勝親生女兒（〈以斯帖記〉2：5-11），這彌補了以斯帖幼年喪父的遺憾。他又透過自己對王忠心的服侍（〈以斯帖記〉2：19-23），對自己為人原則的不妥協（〈以斯帖記〉3：1-4），對自己同胞的憐憫及敬虔的操練（〈以斯帖記〉4：1-3），對養女的肺腑之言（〈以斯帖記〉4：13-17），對同胞的領導和關懷（〈以斯帖記〉9：20-22；10：2、3），將以斯帖撫育成為以色列歷史中一位出色的女中豪傑，美名傳流後世。

一個好師傅不是單單傳授知識和技巧，乃是塑造徒弟的生命。最深遠的影響不是停留在行為的層次，乃是進深到生命本質的陶造（from doing to being）！

昔日猶太人亡國，飄流異鄉，備受種族歧視，更有滅族危機。末底改幫助以斯帖緊守自己的身分，並且完成了歷史使命。以下簡述末底改對以斯帖四方面的影響。

一. 民族身分（Ethnicity）

末底改雖然為以斯帖選了個波斯名，並且囑咐她不要暴露自己猶太人的身分（〈以斯帖記〉2：7、10、11），但是他一直不以猶太人為恥，並且為本族的危機憂傷，又畢生為自己的骨肉之親謀幸福。以斯帖被末底改曉以大義，亦甘願為自己的同胞捨命（〈以斯帖記〉4：13-17）。

二. 國民身分（Nationality）

末底改身居瑪代波斯，忠心耿耿地效忠並拯救亞哈隨魯王（〈以斯帖記〉2：19-23），最終貴為瑪代波斯的宰相。在他的管治下，瑪代波斯國泰民安（〈以斯帖記〉10：1-3）。以斯帖亦向王透露自己的民族身分，然而她亦是一個奉公守法的波斯國民，最終被選為王后（〈以斯帖記〉2：16-18）。

三．心性身分（Sexuality）

以斯帖幼年喪父，末底改悉心撫養，並且肯定了她的女性尊貴身分。末底改更沒有輕看女性的地位，真情流露地委以重任，要以斯帖冒生命危險解救猶太人瀕臨滅族的危機。在以斯帖身上，我們得見剛柔並濟（androgency）的美麗；她既具備溫柔的女性氣質（femininity），同時亦顯出剛強的男性氣質（masculinity），超越了她那個年代的女性。

四．屬靈身分（Spirituality）

〈以斯帖記〉全書沒有提耶和華的名，但是神的手到處可見，是神透過末底改和以斯帖拯救自己的選民。末底改的披麻蒙灰，以斯帖的三晝夜禁食，末底改後來命定的普珥日，都是昔日猶太人的屬靈操練。末底改身在異鄉，仍然沒有忽視敬虔的操練，在以斯帖身上我們也得見顯著的屬靈氣質。

身為父母，身為人師，讓我們從末底改和以斯帖的父女和師徒關係中反思學習，如何傳遞生命，並且引導下一代肯定自己的多重身分。

以斯帖記

閱讀經文	默想經文	默想重點
一. 2：1-23	2：7、10、11	父母心關懷備至
二. 3：1-15	3：2-4	堅守原則不屈膝
三. 4：1-17	4：13-17	苦相勸承擔使命
四. 5：1-6：14	6：12、13	勝或敗在神手中
五. 7：1-10	7：3、4	神賜智慧的言語
六. 8：1-17	8：15-17	神的選民得拯救
七. 9：1-10：3	10：2、3	在高位成就和平

末底改託人回覆以斯帖說:「你莫想在王宮裏強過一切猶大人,得免這禍。此時你若閉口不言,猶大人必從別處得解脫,蒙拯救;你和你父家必致滅亡。焉知你得了王后的位分不是為現今的機會嗎?」以斯帖就吩咐人回報末底改說:「你當去招聚書珊城所有的猶大人,為我禁食三晝三夜,不吃不喝;我和我的宮女也要這樣禁食。然後我違例進去見王,我若死就死吧!」於是末底改照以斯帖一切所吩咐的去行。

〈以斯帖記〉4:13-17

心靈札記

但願我也能由心底裏面説：「死就死吧！」

親愛的天父，今天我心情激動，我知道祢已經賜給我尊貴的位分，今天我們經歷一個重要的歷史關口，是 Kiros Time！我也看見中國新一代的危機，在物質至上、價值崩潰的時刻，我知道他們需要解脫，需要被拯救。

主啊，我願意學習末底改和以斯帖：三晝三夜，不吃不喝，我知道我們缺乏了這種危機感，缺乏了這種逼迫感，也缺乏了這份骨肉之情！

主啊，但願我也能由心底裏面說：「死就死吧！」為了祢的國，為了骨肉之親，我還有顧慮嗎？

記於二〇〇〇年

我的生命師傅 — Dr. Gary Collins

高聯基博士（Dr. Gary Collins）是我從醫療工作轉投輔導工作過程中的啟蒙師傅。

轉換行業是項冒險行為，對我來說並非是經濟因素的顧慮，而是懷疑自己是否有足夠的忍耐、敏銳、關懷等素質，去當一個好的輔導員。

我曾經讀過高聯基博士的著作，對他嘗試結合輔導與神學的心志十分欣賞，所以我選擇到他任教的學院進修。

最難得的是高聯基博士態度誠懇友善，以我為友，並願意每週與我會面一次：是懇談，是心理輔導，也是學術指導。

印象最深刻的是他強調輔導者的信仰、價值觀和生命素質比輔導技巧更為重要，他與學生在堂上及課餘都坦誠分享他的內心掙扎，生命相當透明，全無教授高不可攀的傲氣。

我亦向他傾吐自己在轉行過程中內裏的疑慮，和與父親的矛盾衝突，

他是聆聽多於指導。

他請學生稱他為 Gary，我始終稱呼他為 Dr.Collins；最後，這段師生關係更演變為朋友關係，並且持續了四份一世紀多，這是我很大的福氣！

生命影響生命

拿俄米和路得

眷愛與委身

> 我們必須準確地知道甚麼時候對神說「是」和其中所包含的意思。「是」表示「我降服」，完全地、充分地，沒有計算任何代價，沒有任何檢視：「這是否完全正確？這是否方便？」我們對神說「是」，並沒有任何保留。
>
> 我們只容許神為我們的未來釐定計劃，因為昨天已過去，明天還未來臨，而我們只有今天使祂被人認識、愛和服侍。
>
> *"No Greater Love"*
> *Mother Teresa*

跟隨主是全然的委身，完全的降服——不顧代價，不貪便宜，沒有保留。

路得跟隨拿俄米這段動人的故事，發生於士師年間。當時國內饑荒，以色列民四散求生，全國陷入經濟危機、屬靈低潮。想不到一位摩押的女子對她家姑的真愛和忠誠，為我們留下了委身的典範。

我們知道路得並非一時衝動，乃是經過細察、思考，才作出這個重要的抉擇，以下是路得留下的佳句（〈路得記〉1：16、17）：

- 「你往哪裏去，我也往那裏去」—— 人生的路向；
- 「你在哪裏住宿，我也在那裏住宿」—— 生活的方式；
- 「你的國就是我的國」—— 身分的認同；
- 「你的神就是我的神」—— 信仰的認同；
- 「你在哪裏死，我也在那裏死，也葬在那裏；除非死能使你我相離！不然，願耶和華重重的降罰與我」—— 義無反顧，至死忠心。

今天，我們會認為這是愚忠。我們活在一個不講委身的年代：對國家忠誠是罕見的，對配偶也難得委身一生，對朋友的忠誠亦是短暫，對公司忠誠更屬過時，連對神的委身也是相當反覆；"commitment"好像是一個被埋葬了的觀念。

委身不是空說，是實際的行動，是一生的考驗。路得以具體的行動實踐了她的承諾，最終不但贏得家姑和親屬的欣賞，更重要的是得到耶和華的喜悅，並且透過她的後裔（大衛），祝福了整個以色列，以至萬國萬代。

委身是一種回應，是以愛回報愛。

拿俄米是好的家姑，也是好的師傅。她是真心的愛她兩個媳婦，在自己窮途末路時，仍然讓媳婦有自由的選擇（〈路得記〉1：13、14）。「去愛人是讓他們自由離去，去愛人是讓他們有空間成長。」（名諺："To love someone is to let them go free ; to love someone is to give them room to grow."）

一個好師傅不應隱瞞環境的困苦。拿俄米說：「因為耶和華伸手攻擊我」（〈路得記〉1：13），又說：「因為全能者使我受了大苦」（〈路得記〉1：20），更重要的是有辨別的智慧。拿俄米說：「願那人蒙耶和華賜福，因為他不

斷地恩待活人死人。」(〈路得記〉2：20)。而當中最可貴的是她不忘記徒弟的前途和幸福。她說：「女兒啊，我不當為你找個安身之處，使你享福嗎？」(〈路得記〉3：1)

John C. Maxwell 十分看重如何栽培有潛質的領袖，他的建議包括：「建立信任，表達透明度，給予時間，相信人，給予鼓勵，表現一致，寄予厚望，增強其重要性，提供穩定環境，獎勵成果，營造支持系統，識辨及為有潛質的領袖之旅賦予個性。」("Developing the Leaders Around You")

拿俄米真的不愧為良師，但願我們在她身上學習到最重要的一課："Nurturing"。

路得是好媳婦，拿俄米說：「有這兒婦比有七個兒子還好。」(〈路得記〉4：15)。她也是一位高徒，但願我們在她的生命中領會到一個最重要的素質："Commitment"。

師眷愛，徒委身 —— 何等美麗的師徒關係！

路得記

閱讀經文	默想經文	默想重點
一. 1：1-14	1：13、14	愛是讓對方選擇
二. 1：15-22	1：16、17	義無反顧的委身
三. 2：1-13	2：11、12	投靠神必蒙賞賜
四. 2：14-23	2：20	恩待眾人必蒙福
五. 3：1-18	3：10、11	賢德女子蒙蔭庇
六. 4：1-12	4：11、12	眾人同證代代恩
七. 4：13-22	4：14、15	一兒婦猶勝七子

路得說:「不要催我回去不跟隨你。你往哪裏去,我也往那裏去;你在哪裏住宿,我也在那裏住宿;你的國就是我的國,你的神就是我的神。你在哪裏死,我也在那裏死,也葬在那裏。除非死能使你我相離!不然,願耶和華重重的降罰與我。」

《聖經》〈路得記〉 1：16、17

心靈札記

但願路得的心志再燃點我委身的火,不致熄滅。

親愛的主，我不明白，一個摩押女子竟然說出了如此驚天動地的說話，成為萬世的經典——甚麼是委身，甚麼是跟隨，她看見的一定不單是拿俄米，還看見她心中的神，她背後的國！

　我真的願意學習，對神，對國，對人都有如此委身的真情。主啊，我曾經向祢許願，一生一世跟隨祢，服侍祢，我沒有忘記；我也知道祢讓我得見我的國，我的身分，我亦沒有忘記我的骨肉之親。但願路得的心志再燃點我委身的火，不致熄滅。主啊，我跟隨祢！

記於二〇〇〇年

生命影響生命

主耶穌

主耶穌的交棒部署

耶穌的交棒計劃是歷史上最成功的典範。祂為信眾預備得很好,甚至公開討論祂至終的離去。祂的親信並不想見祂走,但他們已經收到預告。當耶穌被提之後,他們的表現優秀,把計劃推行至意想不到的成功。

耶穌的交棒安排得很好。你也當如此,這是你的公司和親信所應得的。

"The Management Methods of Jesus"
Bob Briner

主耶穌是為師、為父、為友的典範,而且在短短三年中,祂成功地部署了交棒,將一個似乎不可能的使命交託給一羣似乎實力不足的接棒人。

在這有限的篇幅中,我只能重點地勾劃出幾個交棒部署的成功要素。

一. 親自挑選接棒人

Bob Briner 說:「記着耶穌的榜樣:選擇你的親信,又容許你所聘用的人做同樣的事。」

主耶穌十分慎重地挑選祂的接棒人。在確定十二門徒之前,祂還徹夜禱告(〈路加福音〉6:12、13)。祂對跟隨者清楚講明祂的使命、要求;祂容許他們有錯失,但同時不斷地為他們校正方向,並不斷地為他們禱告(〈約翰福音〉17:1-19)。祂要求門徒絕對的委身,對失敗者則不捨不棄,對出賣祂的門徒也是極力挽回。(〈約翰福音〉13:18-30)

二. 看重生命的素質

主耶穌是個最出色的教師,他看重身教,亦經常言教。從祂的教導中明顯看出祂對生命素質的注重:「八福」是一個最佳的門徒生命素質要求的總結。「登山寶訓」是祂教導中重要的一章,最突出之處是對跟隨者內在生命的指引。主耶穌不單是一位講師,也是一位屬靈導師(spiritual director),祂會按門徒個別的情況和處境給予屬靈指引。

三. 行動和教導結合

〈約翰福音〉清楚地顯示出主耶穌如何將行動和教導配合:祂以具體的行動或個案闡述甚麼是重生(〈約翰福音〉3:1-15),生命的活水(〈約翰福音〉4:1-30),生命的糧(〈約翰福音〉6:24-48),生命的光(〈約翰福音〉8:1-12),復活和生命(〈約翰福音〉11:1-44)。

四. 實踐中體驗真理

主耶穌知道真正的學習不能局限在課室內,所以祂並沒有建立一所有形的學堂;反而是帶着門徒進入人羣,在生活中體驗真理。祂又經常讓門徒兩個兩個地出去實習,親自實踐他們所領受的真理。在每次實習前後,祂都有詳盡的指引和教導(〈馬太福音〉10:1-20)。

五. 饒恕中建立羣體

主耶穌的目標是要建立一個愛神愛人的羣體，祂知道真正的學習一定要在羣體中進行。當人與人之間的距離拉近，往往最容易暴露自己的弱點，所以人的共處和共事是最艱難的功課。祂的眼目並非單顧門徒個別的需要，祂很着重他們彼此的關係。Jean Vanier說過，"forgiveness is the heart of a community"，饒恕是一個羣體的核心。一個羣體要彼此連繫，關鍵在乎與天父相連，學習彼此饒恕。主耶穌成功之處並非在於訓練出一兩位高徒，乃是在於祂能夠建立一個承接大使命的羣體。

交棒部署往往看似不可能：有誰配接主耶穌的棒？在學習如何為父、為師、為友，如何栽培接棒人這個過程中，不要忘記聖靈的參與——倚靠聖靈，方能成事（〈約翰福音〉16章）。

馬太福音

	閱讀經文	默想經文	默想重點
一.	4:1-25	4:18-20	親自挑選接棒人
二.	5:1-20	5:2-10	看重生命的素質
三.	8:1-34	8:25-27	行動和教導結合
四.	10:1-20	10:16-20	實踐中體驗真理
五.	13:1-23	13:10-13	以比喻盛載教導
六.	16:13-28	16:24-26	生命的優先次序
七.	18:15-35	18:33、35	饒恕中建立羣體

於是耶穌對門徒說：「若有人要跟從我，就當捨己，背起他的十字架來跟從我。因為，凡要救自己生命的，必喪掉生命；凡為我喪掉生命的，必得着生命。人若賺得全世界，賠上自己的生命，有甚麼益處呢？人還能拿甚麼換生命呢？」

《聖經》〈馬太福音〉 *16：24 - 26*

心靈札記

主耶穌,我的生命在祢手中更為寶貴。

主耶穌，Take my life！我經常都有掙扎：Take life into my own hand, I feel the need to control my own life, and steer to the way I want.

　　主耶穌，我的生命在祢手中更為寶貴。

　　我知道我怕甚麼：十字架，我的十字架！主耶穌，我為祢的十字架感恩，但是我卻怕背自己的十字架，有時覺得力不能勝，並不好受。我需要祢與我分擔，讓我不致於單憑己力，不能負荷。

　　主啊，我感謝祢，我今天好像甚麼都沒有，卻是樣樣都有；我並沒有賺得全世界，卻得到了生命！

記於二〇〇〇年

生命影響生命

我的生命師傅 — Dr. Hans Burki

Dr. Hans Burki 是我的屬靈導師,也算是「救命恩人」。

香港的生活節奏催人,在香港活一年,抵上在其他城市活三年。人容易枯乾,容易燃盡。

我被邀請參加 Dr. Hans Burki 的「生命重整營」(Life Revision Seminar)是超過二十年前的事。我最初的感覺是節奏太緩慢,不夠充實,我亦覺得他講話的速度太慢。五天的靜修營卻並不覺得太長,反而略嫌未夠時間整理內心的思緒及情緒。

"In returning and rest is your salvation, in quietness and confidence is your strength"(得救在乎歸回安息,得力在乎平靜安穩。)—— 這是 Dr. Burki 常引用的經文,也成為我藏在心裏的「救命」錦囊!

我先後去過「生命重整營」不下十次,其中兩次更是遠赴瑞士,在山上度過四個星期,在安靜中與神相交。Dr. Hans Burki 發現我有尋

師、尋父的心,他贈我兩個難忘的字:"Father yourself!"

原來在安靜獨處中,與天父相交,才是真正得享平安的祕訣。

生命影響生命

主耶穌和彼得

There is a leader in you

「有三項牧養行動是那麼基本的關鍵，以致決定了其餘每一件事情的形態。

這些行動就是祈禱、讀經和提供屬靈指引⋯⋯這三方面構成專心致志的行動：祈禱就是把自己帶到神面前專心傾聽，讀經是注目神橫跨二千年在以色列及耶穌身上的說話和作為，屬靈指引是關注在任何時刻恰巧出現我眼前的人，留意神在他身上的作為。」

"Working the Angles"
Eugene H. Peterson

為師者要有為父之心，也要學習如何牧養他的徒弟。Eugene H. Peterson 認為一位牧者的工作有三個基本重點：禱告、讀經、屬靈指引。禱告和讀經叫我們的心與神的心緊貼，屬靈指引是叫我們洞察為徒的生命狀況，能夠助他跨越障礙，讓生命活得更加燦爛。

為師的要堅持一個信念："There is a leader in you！" 因為為徒的會不止一次信心動搖，覺得自己不能夠達到預期的目標，因而中途放棄。為師的看見徒弟再三失誤，也可能信心動搖，因而中止師徒關係。

從主耶穌和彼得的關係中，我們可以得到啟發：如何牧養一個有潛質、但多次失敗、多次放棄的徒弟，最終成為一位出色的領袖。

五度的呼喚 ─ 生命的肯定（Life affirmation）

主耶穌最少五次呼喚彼得，將重要的使命委託給他；每次的呼喚都是有助他正視自己生命中的掙扎和取捨，並且對他的生命重新再肯定。

一. 人生方向的肯定
(〈馬可福音〉1：16-18)

每個人都需要正視自己人生方向的抉擇 —— 我的使命宣言（mission statement）是甚麼？我的主（boss）是誰？

二. 冒險前行的肯定
(〈路加福音〉5：4-10)

每個人都有自己的安全區（comfort zone），冒險開到水深之處不容易。大部分人寧可選擇停留在安全的水域，不再前行。

三. 生命權柄的肯定
(〈馬太福音〉16：13-20)

每個人都曾經質疑自己的生命能力和權柄 —— 我能憑甚麼去完成使命宣言呢？我們所受的託付（mandate）要得到肯定，我們的權柄（authority）也要得到肯定。

四. 挫而不敗的肯定
(〈路加福音〉22：31、32)

每個人在受挫後都會信心動搖 —— 我的師傅還信任我嗎？我真的能承擔重任嗎？有誰不曾受挫？最重要是挫而不敗。

五. 全心愛主的肯定
(〈約翰福音〉21：15-17)

每個跟隨主的人都要經常反省 —— 是甚麼叫自己分心，以致未能全然愛主？一個全心愛主的人，生命自然散發出不能抗拒的力量 —— 是從神而來的能力，是愛的力量。

七十個七次的饒恕 —— 生命的重整（Life revision）

師徒關係的維繫在乎彼此饒恕 —— 七十個七次！

彼得不止一次回頭重操故業，捨棄他對主耶穌的承諾。他又曾因疑惑而在風浪中下沈，因肉體軟弱而在禱告中沈睡，因膽怯而三次不認主……每一次的失敗都足以構成終止師徒關係的原因 —— 但是主耶穌沒有放棄，祂實踐了七十個七次的饒恕。

天天洗腳，天天維持與主耶穌有分，才能夠有力量實踐彼此洗腳，彼此饒恕。

師徒關係最終是一個生命的關係。為師的要傳遞生命，先要學習敞開自己的生命，並且讓神整理自己的生命。為師的不一定同時是徒弟的屬靈導師（spiritual director），但是自己最好能夠找到一位屬靈導師，這有助於自己生命的成長。

Eugene H. Peterson 是個出色的屬靈導師，他坦誠地分享自己在尋找屬靈導師時，內心也有猶豫和掙扎：「找出自己猶豫的根源並不困難：我不願意分享於我最重要的東西。我想保持控制，我想做『波士』。」

但願我們學習為人師之先，願意謙卑學習為徒 —— 特別是接受屬靈指引，親身經歷生命的肯定和生命重整的功課，然後我們才可堅定不移地對我們的徒弟說："There is a leader in you！"

路加福音

	閱讀經文	默想經文	默想重點
一.	5：1-11	5：8-10	再次呼喚去得人
二.	22：24-34	22：31、32	回頭後堅固弟兄

馬太福音

	閱讀經文	默想經文	默想重點
三.	14：22-36	22：28-31	消除疑惑履風浪
四.	26：36-56	26：40、41	儆醒禱告免迷惑

約翰福音

	閱讀經文	默想經文	默想重點
五.	13：1-17	13：8-10	常洗腳與主有分
六.	20：1-23	20：21-23	受聖靈領受權柄
七.	21：1-23	21：15-17	再三肯定愛主心

主又說:「西門!西門!撒但想要得着你們,好篩你們像篩麥子一樣;但我已經為你祈求,叫你不至於失了信心。你回頭以後,要堅固你的弟兄。」

《聖經》〈路加福音〉 22:31、32

心靈札記

主耶穌,我曾跌倒,我願回頭。

主耶穌，多謝祢常在等待；祢昔日在等待彼得回頭之時，亦曾用眼睛去望他，我相信那不是責備的目光，一定是等待的眼神——回轉吧，西門！

　　這真是一場屬靈的爭戰，撒旦要得著我們，祢卻不放棄我們，最終還是祢的愛得勝。主耶穌，我曾跌倒，我願回頭，求祢先堅固我，好叫我也能堅固我身邊在掙扎中的弟兄。

　　主耶穌，我來就祢！

記於二〇〇〇年

保羅和提摩太

福音裏的真父子

問（訪問者）：對於心靈關注這課題的再次冒升及人們對屬靈指引表現濃厚的興趣，你認為這個現象歸因於甚麼？

答（作者）：部分是因著所謂現代時期的完結。人開始認為單是思考是不夠的，理性定義實在行不通，而實踐主義又不行，所以福音派教會嘗試回歸聖潔本身。我們已經開始更多注意較古老的祈禱、屬靈指引和禮儀的傳統上，我們不是把它們簡化成一些你在安靜時間裏做的個人活動。

……輔導運動，甚至在教會內，已變成濃厚的心理化活動，以及幾乎一面倒的療傷。如果你有問題，你去找輔導，所以人們最終只是處理問題，而大部分的輔導都失去碇泊在《聖經》上的啟示。

"Subversive Spirituality"
Eugene H. Peterson

新約中一段最深厚的師徒關係是保羅和提摩太之間的關係。保羅稱提摩太為「真兒子」，保羅的確將自己的生命傳遞給提摩太。保羅讓我們明白如何為父、為師，如何成為他人的屬靈導師（spiritual director）。Eugene H. Peterson 在師徒關係中，最看重的並非如何輔導，而是屬靈指引。

保羅是一個好的師傅和屬靈導師，讓我們細察他的成長路。

身為猶太人,他曾接受嚴緊的「律法」教育(舊約《聖經》),又曾在當代哲學大師迦瑪列門下受教,在思想培訓上有深厚的基礎。在大馬色路上與復活的主相遇,改變了他的生命和一生的路向。神又差遣出色的導師在他身上留下生命的痕跡:亞拿尼亞和巴拿巴都是功不可沒、捨己無私的屬靈導師,使保羅日後青出於藍。

保羅並非忘本,但是他曾強調自己所傳的福音「不是從人領受的,也不是人教導我的,乃是從耶穌基督啟示來的。」(〈加拉太書〉1:11、12)。保羅直接了當地要求眾人效法他,他亦自稱為其他信徒的屬靈父親(〈哥林多前書〉4:14-16)。然而,他強調眾人效法他不能過於效法基督(〈哥林多前書〉11:1,〈腓立比書〉3:17,〈帖撒羅尼迦前書〉1:6,〈帖撒羅尼迦後書〉3:7、9),每個跟隨主的人都不能以地上的師傅取代基督為主、為師的身分。

保羅和亞拿尼亞、巴拿巴的接觸時間並不長,他和眾使徒相處的時間更短,他在亞拉伯卻有三年之久。師傅的教授不能取代我們在神面前安靜獨處的時間——沒有時間只是藉口。

Eugene H. Peterson 痛斥以繁忙為藉口的信徒:「繁忙是心靈的敵人,基本上是懶惰。我們找

容易做的事來代替難做的事,這是用自己的行動來填滿時間,代替了專心注意神的作為。這是自我作主。」

保羅為福音到處奔馳,他還要兼顧織帳棚為生,他坦然承認自己的勞碌:「弟兄們,你們記念我們的辛苦勞碌,晝夜作工,傳神的福音給你們,免得叫你們一人受累。」(〈帖撒羅尼迦前書〉2:9)。然而,保羅沒有間斷地到基督的面前為徒,他也不吝嗇自己的時間和生命,成為提摩太、提多、西拉、百基拉、亞居拉等人的師傅和父親。

提摩太是保羅在福音裏所生的兒子,他受保羅的培育比自己的親生父親更深。《聖經》告訴我們,提摩太的屬靈生命是受母親和外祖母所影響的,他也算是「沒有父親的一代」(〈提摩太後書〉1:5)。

保羅遇上提摩太相信是其他信徒推薦的(〈使徒行傳〉16:1-3)。保羅選上了提摩太成為他的宣教旅程中的伙伴,從此建立了一段深厚的關係。

保羅對提摩太的關顧可算是無微不至，連他的健康也加以提點：「因你胃口不清，屢次患病，再不要照常喝水，可以稍微用點酒。」（〈提摩太前書〉5：23）。他也體諒到提摩太可能會有膽怯的表現，因此多方肯定他，並勸勉他將所領受的恩賜如火挑旺。（〈提摩太後書〉1：6、7）

但是他並非以提摩太為他的受導者，單是處理他的問題或困擾，乃是全面地建立提摩太的生命：在敬虔上的操練、牧養上的指引、面對邪惡世代的考驗、面對苦難和逼迫的熬練，讓他能在順境和逆境中承擔使命。（〈提摩太前後書〉）

保羅給提摩太的教導並非單憑書信，更不是單在教室內，乃是在真實的生活中，在福音的戰場上。更難得的是保羅毋懼將自己的軟弱和挫敗向提摩太敞開，並且在自己有需要時坦然地向提摩太求援。師徒關係是生命彼此交流、關顧的雙程關係。

保羅和提摩太的關係叫我們有盼望，師徒的關係不一定以彼此中傷為結局。在基督裏可以彼此互相建立，在福音裏可以成為真父子，"the making of a mentor" 和 "the nurturing of a son" 都是一個漫長的過程，其中不能缺少一些有為父之心的人參與，但更

重要的是有天父、基督和聖靈的介入。師徒關係建立的奧祕不在乎方法技術（methodology），乃在乎靈命栽培（spirituality）。

使徒行傳

閱讀經文	默想經文	默想重點
一. 9：1-19	9：15-17	神所差遣的導師
二. 11：19-30	11：24-26	好師傅尋覓高徒

提摩太前書

閱讀經文	默想經文	默想重點
三. 1：1-20	1：13、14	真父親毋懼自白
四. 4：1-16	4：8、11-13	敬虔上操練自己

提摩太後書

閱讀經文	默想經文	默想重點
五. 1：1-18	1：6、7	將恩賜如火挑旺
六. 2：1-26	2：3-6	像精兵同受苦難
七. 4：1-22	4：1、2	帶權柄言教身教

寫信給我親愛的兒子提摩太。願恩惠、憐憫、平安，從父神和我們主基督耶穌歸與你！……為此我提醒你，使你將神藉我按手所給你的恩賜再如火挑旺起來。因為神賜給我們，不是膽怯的心，乃是剛強、仁愛、謹守的心。你不要以給我們的主作見證為恥，也不要以我這為主被囚的為恥；總要按神的能力，與我為福音同受苦難。

《聖經》〈提摩太後書〉1：2，6-8

心靈札記

我不敢徒受祢的恩賜,我願意為主燃燒。

親愛的天父，多謝祢眷顧牧養我，並在地上賜我屬靈的父親。

因為祢知道我缺乏了父親的肯定和培育，經常心中膽怯，往往沒有自信，亦沒有特別的才幹。謝謝祢，藉這些師傅，將諸般恩賜，加在我身上，我不敢徒受祢的恩賜，我願意為主燃燒。

父啊，我會常常銘記於心，不以福音為恥，在可能對福音抗拒的人羣中，仍然為主作見證。

天上的父親我稱頌祢，地上的父親我衷心感激你們。

記於二〇〇〇年

結語 —— 一代更勝一代

我聽過很多人搖頭歎息：一代不如一代！

倘若我們不如上一代，其中一個因素是自己的懶散；因為我們掌握的資訊、學習的機會、拓展才能的空間都比上一代更廣闊。

我又相信下一代更勝我們這一代：因為資訊科技和生物科技急劇進步，全球一體化將學習及交流的機會增加，終身學習亦成為一種新的意識形態及生活方式 — 新一代肯定比我們飛得更高更遠。

每一代都有承先啟後的責任和福氣：我們站在上一代巨人的肩膊上，應該看得更遠；最重要的是千萬不要踐踏下一代，要為他們騰出成長的空間。

「教導是創造一個空間，當中可以實踐順服的真理。」（Parker Palmer,

"To Know As We Are Known"）這位被選為美國教育界最重要的思想家之一的學者是基督徒，他的著作也闡述了生命影響生命的道理。

我在「突破」事奉了二十八年，我仍在尋師，仍在學習，我為每一位在我身上留下生命痕迹的生命師傅感恩。我常自覺諸多限制，不少弱點和幽暗揮之不去，不配做生命師傅；然而，我還是在學習如何實踐生命影響生命這信念，但願在我的兒子、媳婦、同工、義工、青少年受眾身上留下點滴的生命影響。我深信生命的更新最終是神自己的工作，我但願被神選上，能夠與神同工。

靠着神的恩典，但願我們在「突破」運動中得以見證到：一代更勝一代！

感謝您選了這本書,閱讀以後,
您有沒有一些啟發,一些感想?我們期望你的聲音。
請登上 **www.btproduct.com/book**,
在「讀者回應卡」頁面內填寫。謝謝。

心靈關顧系列新書介紹

心靈地圖

書名	版次	作者
生活,一瞬間……	初版1刷	文/阿濃 攝影/朱迅
憂鬱小王子	初版1刷	策劃/香港大學香港賽馬會防止自殺研究中心 故事/游思行 插畫/棗田
細說心語	初版1刷	阿濃、棗田
從8A開始	初版2刷	林沙
單手拍掌	初版1刷	巧兒
父親卓越成就——養育子女與自我成長的雙贏指引	初版1刷	區祥江
驕陽引路——生命教育的反思	初版1刷	何漢權
策夢掌舵——十位校長的真情對話	初版1刷	林淑貞
丈夫不敗之謎——鞏固婚內情的聖經智慧	初版1刷	區祥江
男人的命途——從大衛的決擇三思自身	初版2刷	區祥江
生命影響生命	初版5刷	蔡元雲

生命禮讚

書名	版次	作者
家多一點愛	初版1刷	劉進圖
死亡如此年輕	初版2刷	黎婉嫻
會考〇分與神奇小子	初版3刷	呂宇俊
在運動場上起飛	初版1刷	雲芷
用愛叩開教室的門	初版2刷	吳嘉榆
摘金背後——十個運動員的成長故事	初版4刷	訪問、撰文/李穎詩、俞越
當差來的天使走了	初版5刷	黎婉嫻
海闊天空	修訂版23刷	子鷺
地久天長	初版15刷	李慧珍

生活與輔導

書名	版次	作者
上班不恐懼	初版1刷	關秀娟
社交不恐懼	初版1刷	關秀娟
敘事從家庭開始——敘事治療的尋索歷程	初版1刷	列小慧
婚姻輔導解構	初版2刷	黃麗彰
婚姻與家庭治療：理論與實務藍圖	2版1刷	霍玉蓮
健康習作——身心和諧的生活時尚	初版1刷	鄧焯榮
回到開心時——情緒管理 DIY	初版4刷	湯國鈞
敢夢、想飛——你也可以計劃人生	初版1刷	蔡元雲
因子之名——父親培育男孩的挑戰	初版2刷	區祥江
從未遇上的父親	2版14刷	蔡元雲
男人的面具	2版2刷	蔡元雲、區祥江
我該對孩子說甚麼	初版4刷	蔡元雲、區祥江
婚姻中的創傷與饒恕	初版2刷	黃麗彰
溝通不是萬靈丹	初版3刷	黃麗彰
怎可以一生一世	初版9刷	霍玉蓮
情難捨——從相依之道到相分之痛	初版6刷	霍玉蓮
婚姻左右左	2版4刷	區祥江
男人的哀傷	初版2刷	區祥江、曾立煌
情緒有益	初版5刷	李兆康、區祥江

心理診療所

書名	版次	作者
解開抑鬱	初版1刷	李耀全等
孩子確不笨——「百分百」感統訓練活動	初版1刷	葉張蓓蓓
衝破障礙2——自閉症及智障兒童家居學習課程	初版1刷	黃嚴麗慈
不再驚恐——認識驚恐症的成因及防治方法	初版1刷	羅哲‧貝克
孩子不笨——感覺統合訓練手冊	初版2刷	葉張蓓蓓
躍出深淵——抑鬱症的成因和治療	初版3刷	蕭宏展
自閉的天空	初版3刷	蕭宏展、羅莫穎斯、潘恩賜
戰勝孩子的書寫困難	修訂版2刷	黎程正家、周美琴
克服孩子的閱讀障礙	初版4刷	黎程正家
衝破障礙——自閉症及智障兒童家居學習課程	2版2刷	黃嚴麗慈